Creators of Quality.
Seit 1899

Kaum gegründet, war die Richtung klar:
„Immer Besser".

Seit 1899 ist dies der Taktgeber geblieben, der Kompass. Gleichermaßen Motivation und Korrektiv. In drei Epochen und den vier Kapiteln Meisterwerke, Generationen, Zeitgeist und Lebenswelten erzählt dieses Buch die Geschichte eines Unternehmens und seiner Werte.

Es blickt hinter die Errungenschaften und Fehlschläge zwischen Beständigkeit und Wandel. Mit den Protagonistinnen und Protagonisten aus dem Gestern und aus dem Jetzt. Es fragt gleichermaßen nach dem Woher, Warum und Wohin. Tradition braucht immer auch eine Zukunft.

Dieses Buch ist all jenen gewidmet, die zu jeder Zeit bleibende Werte schaffen und schätzen:

Creators of Quality.

Inhalt

Meisterwerke

Das **Verhältnis zu Qualität** ist fast schon obsessiv. Mehr Anspruch, mehr Wert. Meisterwerke entstehen, wo Tradition und Innovation einander beflügeln.

Am 21. Juni 1905 meldet Carl Miele sen. eine „Milchschleuder mit Trommeleinsatz aus aufrechtstehenden Platten“ beim Kaiserlichen Patentamt an. Der älteste amtliche Beleg für die Innovationskraft von Miele. Zu sehen ist ein Ausschnitt der Patentzeichnung.

→ Beim sogenannten Belastungstest für ein Miele Fahrrad in den 1920er-Jahren wird Qualität nicht dem Zufall überlassen.

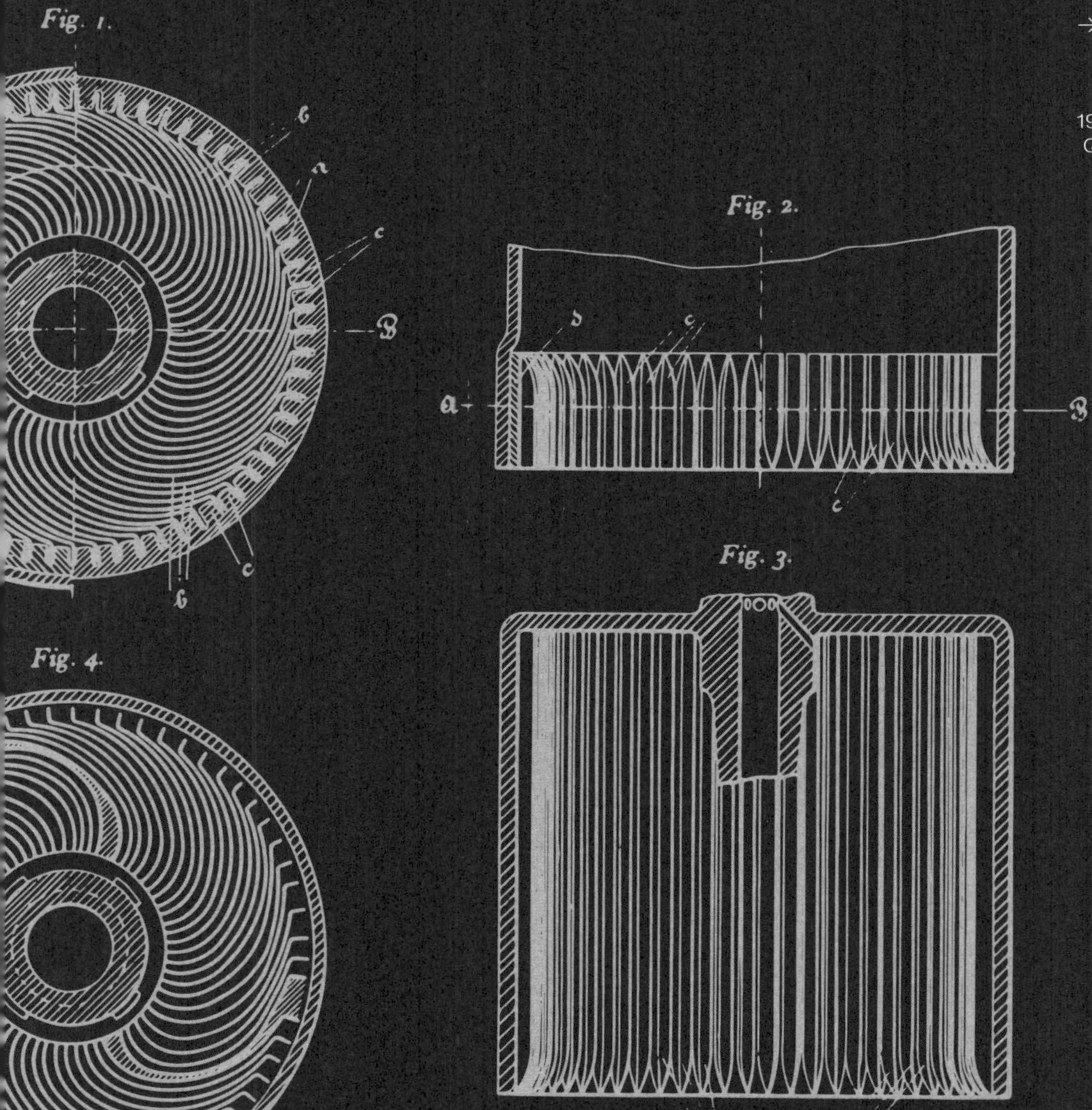

Zu der Patentschrift

№ 172276.

Eine **Geisteshaltung**

„Immer Besser". Die beiden Wörter schmücken das Fabrikzeichen des 1899 im ostwestfälischen Herzebrock gegründeten Unternehmens Miele. 1901 stehen sie erstmals auf den Butter-, dann auf den ersten Waschmaschinen der Zentrifugenfabrik. Sie markieren die Geburt eines Anspruchs – und eines Markenversprechens, das die Haltung von Generationen von Mitarbeiterinnen und Mitarbeitern prägt.

Miele
Miele
Miele

„Immer Besser“ weckt Begehrlichkeiten. Der Miele W 420 'de Luxe', der erste deutsche Waschvollautomat mit der „Einknopf-Automatik“, zieht bei einer Präsentation um 1962 alle Blicke auf sich.

Sehr wortreich ist er nicht, dieser Ur-Claim. Eher auf das Wesentliche reduziert. Der Beweis, dass eine Unternehmensphilosophie nicht viele Worte braucht, um sich zu verdichten. „In Westfalen [...] gilt Einfaches mehr als laute Töne“, sagte schon Rudolf Miele (1929–2004), Enkel des Gründers Carl Miele sen. Unprätentiös-westfälisch und vielleicht gerade deshalb seit mehr als einem Jahrhundert tragend, denn bei seiner Entstehung ist „Immer Besser“ ein gar nicht mal so bescheidener Konter gegen jede Konkurrenz. Damals ist es noch mit kleinem „besser“ in Verwendung.

Der Wahlspruch startet als strategische Positionierung in einer Zeit, in der nicht nur Miele das landwirtschaftlich geprägte Ostwestfalen mit Milchzentrifugen, bald auch mit Butter- und Waschmaschinen mit Eichenfass versorgt. Anfangs ist Miele eine von rund 30 Zentrifugenfabriken in der Region. Den Worten folgen schnell Taten. Miele bietet Produkte in neuen Qualitäts- und damit auch Preisdimensionen. Schon die Gründer sind überzeugt: „Erfolg ist auf Dauer nur möglich, wenn man sich voll und ganz hinter die Qualität seiner Produkte stellen kann.“

Nur eine, die Beste!

Produktqualität steigert Lebensqualität – auch das meint „Immer Besser“. Mit seinen Produkten will Miele den Alltag seiner Kundinnen und Kunden erleichtern. Diese kommen zunächst vor allem aus der Landwirtschaft. Bereits ab etwa 1913 wendet sich das Unternehmen aber auch der einfacheren Bewältigung des Haushalts zu. Schon ein Katalog aus dem Jahr 1914 listet „Handwaschmaschinen“, „Wassermotorwaschmaschinen“ und „Kraftwaschmaschinen“ ganz vorne. Das Intro zeigt Selbstbewusstsein: „Einen hervorragenden Platz in unserem Fabrikationsprogramm nehmen ‚Miele‘-Qualitäts-Waschmaschinen ein. Die Tatsache, daß wir heute die größte Produktion in Holzwaschmaschinen sowohl für Hand-, als auch für Kraftbetrieb in Deutschland haben, spricht für sich selbst und bedarf keiner weiteren Bekräftigung. Miele-Modelle sind mustergültig [...]. Unablässig sind wir bestrebt[,] Verbesserungen zu schaffen und nehmen aus den Kreisen unserer Geschäftsfreunde Anregungen dieser Art stets dankbar an. [...] Wir führen nur eine Qualität: die Beste.“

Dieser Anspruch zahlt sich aus: Mit Anbruch der 1930er-Jahre sind nur noch drei der konkurrierenden Zentrifugenhersteller in Ostwestfalen übrig, darunter Miele. „'Immer besser' haben wir in den ganzen Jahren hochgehalten, denn wir haben uns gesagt, dass man einen dauernden Erfolg nur mit guten Maschinen erzielen kann“, resümiert Gründer Reinhard Zinkann gegen Ende seines Lebens. Tatsächlich hebt sich bereits das allererste Gerät, eine handgetriebene Milchzentrifuge, von denen des Wettbewerbs ab – und sie wartet mit einem spektakulären Namen auf. Meteor, das Wort birgt Symbolkraft. Aus dem Altgriechischen entlehnt, meint es so viel wie „emporgehoben“, „hoch in der Luft“. Auch im Namen des Staubsaugermodells Melior ab den 1920er-Jahren sowie der gleichnamigen Fahrradmodelle aus dem Jahr 1936 klingt der Anspruch „Immer Besser“ mit, sogar noch offensichtlicher. Bedeutet dieser lateinische Begriff im Deutschen doch schlicht „besser“. Zu diesem Zeitpunkt zeigt sich Miele längst als Weltmarke – mit Weltkugel auf dem vorderen Schutzblech des Rads.

„ mmer Besser“ bis ins Detail. Der Ausschnitt der Patentzeichnung (1997) zur Schontrommel, die 2001 auf den Markt kommt, zeigt deren aus Sechsecken bestehende Wölbstruktur.

Fast schon obsessiv

Der Qualitätsanspruch macht sich früh bemerkbar, angefangen bei der Wahl des Materials. Für die Leisten (Dauben) der Bottiche, die bei den Butter- und Waschmaschinen zum Einsatz kommen, verwendet Miele das besonders hochwertige und deshalb teure Holz der Traubeneiche aus dem Spessart. Nur astfreie Bereiche dieser Bäume werden verarbeitet. Die Böden sind aus sehr hartem Nadelholz (Pitchpine). Beide Hölzer werden besonders langsam getrocknet, bevor sie zum Einsatz kommen. So sorgt Miele dafür, dass sich im Bottich möglichst wenige undichte Stellen bilden, während er sich durch die Nässe stetig ausdehnt und wieder zusammenzieht. Doch bald kommt es nicht mehr nur darauf an, besonders robuste Geräte zu bauen. Die Waschmaschine zum Beispiel soll auch leicht und kraftsparend zu bedienen sein und gleichzeitig effektiv arbeiten, anfangs noch ohne elektrischen Antrieb. Das bedeutet Tüfteln und Innovieren. Immer wieder. Davon zeugen mechanische Helfer wie Schwungscheibe, Pendelgewicht oder ein Getriebe mit automatischem Wechsel der Drehrichtung.

Das fast schon obsessive Verhältnis zu Qualität und Gebrauchsnutzen nimmt mit den Jahren immer neue Formen an. Und bringt Ideen hervor, mit denen die Leistung des Unternehmens nicht beim Verkauf des Produkts endet. Dazu zählen schon früh ein zuverlässiger Reparaturservice und eine schnelle Ersatzteilversorgung. Kundendienst, diese intensive Beziehung zu den Nutzerinnen und Nutzern der Produkte, ist bei Miele von Anfang an Teil der Qualitätsphilosophie. Genauso die freiwillige Gewährung einer Herstellergarantie, die ab 1905 in Verkaufs- und Garantiebedingungen schriftlich fixiert wird. Miele Produkte sollen nicht nur reibungslos funktionieren, Kundinnen und Kunden sollen auch dann zufrieden und von Miele begeistert sein, wenn mal nicht alles nach Plan läuft.

Heute hält Miele rund 6.000 erteilte oder beantragte Patente. Die ersten Eintragungen, die längst erloschen sind, datieren auf die Jahre 1905 und 1908, als Gründer Carl Miele sen. eine „Milchschleuder mit Trommeleinsatz aus aufrechtstehenden Platten“ anmeldet und ein Verfahren zur Herstellung von Metallüberzügen durch Zentrifugieren. Seine Idee: Die überflüssigen Überzugsmetalle sollen nicht abtropfen, sondern abgeschleudert werden. Dadurch konnten bis zu 50 Prozent des Überzugsmaterials eingespart werden. Der erste elektrisch angetriebene Haushaltsgeschirrspüler Europas (1929), der erste Waschautomat mit Einknopf-Bedienung (1962) und der erste Waschautomat mit Computersteuerung (1978) entspringen ebenso dem Erfindergeist bei Miele wie die Besteckschublade im Geschirrspüler (1987) oder die Oberflächenbeschichtung PerfectClean für Herde und Backöfen (1999).

Lebendiger Leitgedanke

„Immer Besser“, das meint im Laufe der Jahrzehnte und mit dem Einzug von Miele in die Haushalte dieser Welt auch immer platzsparender, immer geräuschärmer. Und es bedeutet nach wie vor immer langlebiger, nachhaltiger und ressourcenschonender. „Immer Besser“ versteht außerdem zeitloses Design und eine intuitive und ergonomische Handhabung als Teil eines umfassenden Qualitätsbildes. Bereits in den 1960er-Jahren

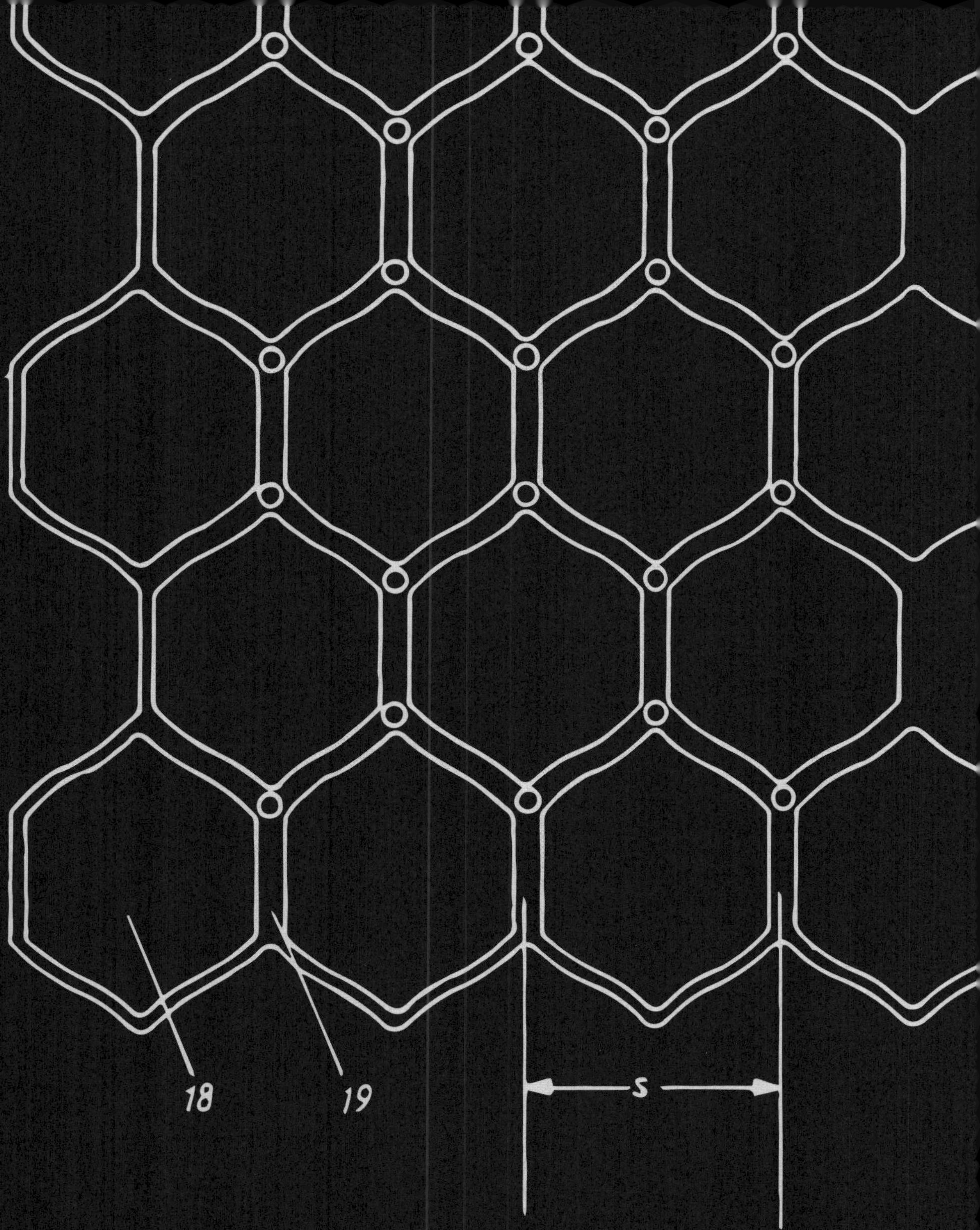

FIG. 4

„Es ist **der unbedingte Wille**, niemals stehen zu bleiben.“

Olaf Bartsch
Geschäftsführer Finance & Administration

orientieren sich Technische Zeichner und erste sogenannte Formgestalter des Unternehmens zunehmend an der Ulmer Hochschule für Gestaltung, die sich dem legendären Staatlichen Bauhaus Weimar (1919–1933) verpflichtet sieht. Das Ergebnis sind leistungsfähige, einfach zu handhabende und wertbeständige Geräte.

„Immer Besser“, das sind bei den Waschmaschinen zum Beispiel bis zu 10.000 Stunden lange Dauertests, die bei haushaltsüblicher Nutzung einer Lebensdauer von 20 Jahren entsprechen – ergänzt durch strapaziöse Belastungstests etwa für den Türschließmechanismus oder sorgfältige Dichtheitsprüfungen. „Immer Besser“ verspricht Kontinuität und weiß doch, dass es ohne Veränderung nicht gehen kann. Sie sei keine in Erz gegossene Richtlinie, mahnt Rudolf Miele einst: „Sondern ein lebendiger Leitgedanke, der alle Unternehmensebenen durchläuft, der sich stets wechselnden Rahmenbedingungen anpassen muß, und der doch – wegen der strikten Ausrichtung auf Qualität – seine eigene, seine Miele-Qualität besitzt.“ Dr. Peter Zinkann (*1928), Enkel des Gründers Reinhard Zinkann, ergänzt diesen Gedanken in einer Rede von 2008: „Das Besondere bei Miele ist, dass es uns immer gelungen ist, diesen Änderungen in den Anforderungen an Qualität zu folgen.“ Die Schlussfolgerung: Für den Begriff Qualität gibt es keinen Maßstab, der überall in gleicher Weise angelegt werden kann. Sich verändernde Zielgruppen wandeln auch den Qualitätsbegriff und schaffen neue Assoziationen mit „Immer Besser“, genauso neue Narrative und Identifikationsflächen für Mitarbeiterinnen und Mitarbeiter, die es immer wieder mit Leben füllen.

Sich nie zufriedengeben

Natürlich erinnert es auch an einen ewigen Marathonlauf, dieses „Immer Besser“-sein-Wollen, ja, -Müssen. Es erfordert Ausdauer und Ehrgeiz, aber eben auch Mut und Kreativität, findet Olaf Bartsch, seit 1991 bei Miele

↑ „Immer Besser“ seit den Anfängen. Schon im Fabrikzeichen mit westfälischem Ross ist das Credo von Miele verewigt, hier bereits mit großem „B“.

→ „Immer Besser“ heißt, mit Engagement scheinbar Unmögliches möglich zu machen. 1983 schafft es eine Miele Waschmaschine auf die Badener Hütte in den österreichischen Alpen, in mehr als 2.600 Meter Höhe.

beschäftigt und seit 2008 Geschäftsführer Finance & Administration. Seine Antwort auf die Frage nach dieser selbstbewussten Positionierung des Unternehmens: „Der Anspruch, ‚Immer Besser' zu sein, hat nichts mit Überheblichkeit zu tun. Er drückt vielmehr den unbedingten Willen aus, niemals stehen zu bleiben." Nicht nur „Immer Besser" zu sein als der Wettbewerb, sondern auch „Immer Besser" zu werden, als man bereits ist. Das sorgt für hohe Erwartungen, die täglich zu erfüllen sind. „Dafür braucht es ein Umfeld, das Streben nach Qualität unterstützt und den Pioniergeist ebenso fördert wie die Bereitschaft und den Willen, sich zu verändern." Auch deshalb schaffe das Unternehmen Freiräume für bereichsübergreifende Ideen und unternehmerisches Denken seiner Mitarbeiterinnen und Mitarbeiter, bis hin zur Gründung eigener Start-ups unter dem Dach von Miele.

Angefangen bei elf Beschäftigten in Herzebrock, später in Gütersloh und Bielefeld, dann nach und nach in fast 50 Ländern weltweit: Das Streben nach „Immer Besser" bietet den heute über 22.000 Menschen, die Miele ausmachen, nach wie vor eine Heimat und einen gemeinsamen Nenner. Und ist natürlich auch im strategischen Kompass des Unternehmens fest verankert, heruntergebrochen auf die vier Dimensionen „Customers", „Employees", „Planet" und „Performance".

Wer ihn sich einst ausgedacht hat, den Ur-Claim, lässt sich der Geschichte rückblickend nicht mehr entlocken. Sind es Carl Miele sen. und Reinhard Zinkann höchstpersönlich, die ihn pragmatisch-virtuos ersinnen und mit dem westfälischen Wappenross auf den Deckel der Buttermaschine „Meteor" anbringen lassen? Oder entfährt einem der ersten elf Mitarbeiter schon beim Anblick einer Mitbewerber-Zentrifuge die überzeugte Feststellung: „Das machen wir aber wirklich immer besser!" So oder ganz anders: „Immer Besser" hat Bestand.

Made **by Miele**

Qualität nimmt ihre Form in der Fertigung an. In bald 16 Werken weltweit entstehen bei Miele Geräte, Antriebe und sonstige Komponenten – in hohen Stückzahlen und zahlreichen Varianten, mit hoher Wertschöpfungstiefe und Langlebigkeitstests. Ein Streifzug durch imposante Produktionshallen, zunächst unscheinbare Räume und anwendungsspezifische Prüfstände, in denen Meisterleistung möglich wird.

Ausgeklügelte Testumgebung: In diesem schalldichten und reflexionsfreien Raum wird die Störfestigkeit von Miele Geräten untersucht.

Gestern wie heute ist der Mensch ein Qualitätsfaktor in der Produktion. Aufnahme im Werk Gütersloh, 1982.

↓ Ein greifbares Sinnbild für „Immer Besser" in der Produktion: der Nylonstrumpftest.

Es ist nicht nur dieses Leuchten in den Augen, das Björn Altemeier, Rüdiger Hellenkamp und Simon Weinekötter verbindet, wenn sie jeweils durch „ihre" Produktion führen. Ob an den deutschen Standorten Bielefeld und Gütersloh oder im tschechischen Uničov: Alle drei eint die Begeisterung für hochautomatisierte Fertigungsprozesse, komplexe Anlagen und ebenso kompetente wie engagierte Kolleginnen und Kollegen, vor allem aber der gemeinsame Anspruch. „Alles, was wir hier tun, zeugt von höchstem Qualitätsverständnis", versichert Björn Altemeier, Director Production für die Business Unit Professional in Bielefeld. Ein Anspruch, der in acht Produktionswerken in Deutschland genauso gilt wie an je einem Standort in Tschechien, Rumänien, Polen, China, Österreich und ab Ende 2024 in den USA sowie in den beiden Niederlassungen des Tochterunternehmens Steelco in Italien.

„Eine Haltung der Langlebigkeit"

In der Produktion steht „Immer Besser" kontinuierlich auf dem Prüfstand. Hier vor allem materialisieren sich die Ingenieurskunst und der Qualitätsanspruch „Made by Miele". Es entstehen unter anderem Waschmaschinen, Geschirrspüler, Backöfen und Trockner, die um keinen Preis enttäuschen dürfen. Zwei entscheidende Faktoren: ihre Zuverlässigkeit und Langlebigkeit, getestet auf bis zu 20 Jahre Lebensdauer. Ein freiwilliges, ein nachhaltiges Versprechen. Wer sich für Geräte von Miele entscheidet, egal ob im eigenen Haushalt oder gewerblich, tut dies in der Erwartung, lange und ungetrübt Freude an ihnen zu haben.

„Für uns ist Langlebigkeit eine Haltung. Sie zeigt sich in der Art und Weise, wie wir Produkte gestalten, und in unserer Fertigungstiefe", sagt Dr. Stefan Breit, Geschäftsführer Technology der Miele Gruppe. „Deshalb behalten wir unsere Produkt- und Produktionsqualität selbst in der Hand." Sichtbar wird dieser Anspruch zum Beispiel in der Fertigungstechnik wie der Metall- oder Kunststoffbearbeitung. Er erstreckt sich aber auch auf andere Gebiete, etwa die Entwicklung und Produktion von Elektronikkomponenten, einschließlich der dafür erforderlichen Software. „Aus dieser Tradition kommend, ist unsere heutige Herausforderung, den Anspruch von ‚Made by Miele' in dieser gesamten Wertschöpfungsbreite und -tiefe in die Zukunft zu tragen – mit weiterem Wachstum, neuen Technologien in den Produkten und den Möglichkeiten der Digitalisierung in der Produktion", erläutert Stefan Breit.

Seit Jahrzehnten steht der Nylonstrumpftest als greifbares, weil plakatives Sinnbild für „Immer Besser" in der Produktion – und sorgt für Staunen bei der Werksführung. Ein Mitarbeiter stellt händisch sicher, dass die soeben produzierte Waschtrommel keine Unebenheiten aufweist. Das gewisse Extra, das Quäntchen Mehr an Einsatz. Längst aber ergänzen und durchdringen digitale Tools und Analysemethoden die Qualitätssicherung. Die in allen Werken hochautomatisierte Produktion hat die Art und Weise, wie gefertigt wird, grundlegend verändert – nicht aber die Maxime „Immer Besser", wenngleich diese im aktuellen Kontext weniger greifbar erscheint, wenn in Zukunft womöglich eine Künstliche Intelligenz (KI) den Nylonstrumpftest als Qualitätssymbol ablöst.

20 Jahre in 125 Tagen

Schon heute konkretisiert sich Qualität nicht nur in der Montagehalle. Wenn Miele verspricht, Geräte auf bis zu 20 Jahre Lebensdauer zu testen, geht es um das Sicherstellen der Zuverlässigkeit von Material und Funktion. Das Gerät läuft schließlich nur so lange wie das Einzelbauteil mit der geringsten Kondition. Das gilt auch für die elektronischen Baugruppen und Displays, die im Elektronikwerk in Gütersloh und seit 2009 ebenfalls im rumänischen Braşov entwickelt, gefertigt und auf Herz und Nieren getestet werden.

In den Gerätewerken gibt es viele unternehmenseigene Normen, die jene Anforderungen beschreiben. Dabei helfen typische Nutzungsprofile und definierte Betriebszeiten der Kundinnen und Kunden, aus denen wiederum Anforderungen für die Elektroniken abgeleitet werden. „Wenn ein Vorserien-Gerät zur Verfügung steht, messen wir an den Elektroniken die tatsächlichen Belastungen in diesen Betriebsarten. Das machen wir für jedes Gerät individuell", so Rüdiger Hellenkamp, der als Vice President

„Für uns **ist Langlebigkeit eine Haltung.** Sie zeigt sich in der Art und Weise, wie wir Produkte gestalten, und in unserer Fertigungstiefe."

Stefan Breit
Geschäftsführer Technology

Operations für die Fertigung beider Elektronikwerke verantwortlich zeichnet. Welche Temperatur tritt in den verschiedenen Betriebsarten auf? Wie ist die thermische, chemische oder mechanische Belastung? Wenn eine Waschmaschine bei 1.600 Umdrehungen schleudert, schwingt schließlich auch die Elektronik mit. Aus diesen gemessenen Belastungen und den Informationen konfektioniert der Bereich Smart Home/Electronics Prüfprogramme für alle elektronischen Bauteile. „Wir bewegen uns bei den Prüfzeiten zwischen 1.000 und 3.000 Stunden, also in Summe bei 125 Tagen Dauerbetrieb, und können so bis zu 20 Jahre Betriebsdauer simulieren. Bei Professional-Geräten haben wir manchmal sogar noch höhere Anforderungen", erläutert Rüdiger Hellenkamp.

Das Ergebnis ist eine ausgeklügelte Testumgebung, in der Zuverlässigkeit, Qualität und Langlebigkeit von elektronischen Bauteilen schon mal auf einem Schwingungstisch, dem sogenannten Shaker, oder in Temperaturschockschränken herausgefordert werden. Wer sehen will, wie Bedienanzeigen-Elektroniken oder Transistoren sowohl Feuchte als auch Wärme trotzen oder über einige Stunden hinweg Temperaturen von -40 °C standhalten, etwa für den Fall, dass Geräte beim Transport durch Kanada in einem Schneesturm ausharren müssen, steigt in den Keller der Elektronikfertigung in Gütersloh hinab. Was elektronische Bauteile als Folterkammern empfinden dürften, ist ein weiterer Schlüssel zur definierten Qualität. Der Kreativität sind dabei keine Grenzen gesetzt: „In besonderen Fällen können wir Testumgebungen auch kombinieren. Den Klimaschrank zum Beispiel über den Shaker fahren", so Rüdiger Hellenkamp.

Tests im Tonstudio

Ein paar Labore weiter wird man gesetzlich definierten Grenzwerten gerecht. Wo sich der Laie vielleicht an ein Tonstudio oder eine futuristische Kanzel erinnert fühlt, erkennen zertifizierte Prüfingenieurinnen und Prüfingenieure einen schalldichten, reflexionsfreien Prüfstand im technischen Freifeld. Dies ist eine Umgebung, in der die elektromagnetische Verträglichkeit und die Störfestigkeit von Geräten getestet werden. Was senden sie aus? Was wirkt auf sie ein? Doch nicht nur den eventuell störenden Mobiltelefonfrequenzen sollen Miele Geräte widerstehen. Auch Phänomene wie Blitzeinschläge oder Netzüberspannungen dürfen am sicheren Betriebszustand eines Hausgeräts nichts ändern. „In unserem Full-Compliance-Testlabor führen wir alle notwendigen normativen, international anerkannten und zulassungsrelevanten Messungen selbst durch", erläutert Rüdiger Hellenkamp. Die entsprechenden Testberichte helfen Vertriebsgesellschaften weltweit dabei, Geräte auf den Markt zu bringen.

In einer unscheinbaren Kammer findet abschließend der sogenannte Systemtest der Software statt. In sogenannten HIL (Hardware in the Loop)-Ständen, die auf den ersten Blick wie kleine Brutkästen mit Waschmaschinenblenden anmuten, laufen

→ Grünes Licht für den Spülraum einer Gewerbemaschine. Um mögliche Mängel im Material oder an der empfindlichen Schweißnaht sofort zu erkennen, gehört in Bielefeld auch eine optische Kontrolle zum Qualitätsmanagement.

verschiedene Testprogramme in kürzester Zeit automatisch ab. Was früher manuell nach Spezifikation getestet werden musste, ist heute automatisiert – und kann via Fernsteuerung bedient werden. Durch Druckluft können sogar Tasten auf dem Touchdisplay betätigt werden. Kameras verfolgen derweil diese Vorgänge und beobachten die Korrektheit der Anzeige. Eine Fehlererkennung und -analyse erfolgt prompt.

Technische Komplexität

Zurück in eine Montagehalle, diesmal in Bielefeld, dem zweitältesten und wegen seiner Produktvielfalt zugleich komplexesten Werk der Miele Gruppe, das 1916 gestartet ist. Hier entwickelt und fertigt das Familienunternehmen heute Staubsauger, Geschirrspüler sowie Reinigungs- und Desinfektionsgeräte für medizinische Einrichtungen und Labore. Zahlreiche Produktgruppen, drei verschiedene Produktionssysteme und unterschiedliche Gerätevarianten, vorrangig für den gewerblichen Bereich, bringen ganz eigene Herausforderungen. So auch für den Leiter der Professional-Produktion in Bielefeld, Björn Altemeier: „Wir handeln hier bis zu 1.560 Materialnummern je Gerät. In unserer Produktion müssen wir also immer mengen- und variantenflexibel denken. Das heißt aber auch, dass die Kolleginnen und Kollegen hier einen hohen Arbeitsinhalt haben, den sie beherrschen müssen.“ Die Geräte, die entstehen, werden zum Beispiel zur Desinfektion von OP-Instrumenten eingesetzt. Deshalb sind sie nicht nur hochkomplex, sondern müssen auch die strengen Vorgaben des Medizinproduktegesetzes erfüllen.

Die Fertigungstiefe am Standort ist eindrucksvoll. Hier gibt es eine eigene Spülraumfertigung, werden unterschiedliche Schweißverfahren eingesetzt, Außenverkleidungsbauteile gestanzt und gebogen und selbst zerspant. Die Beschäftigten in der Produktion übernehmen ein hohes Maß an Verantwortung für die Bauteile und Endgeräte, die, je nach Variante, in 50 bis 70 Minuten komplett montiert sind. Voraussetzungen dafür sind ein hoher Qualifikationsgrad und bis zu 600 Gerätevarianten im Kopf der Monteure. Werkerassistenzsysteme unterstützen sie dabei, Montagefehler weitestmöglich zu vermeiden.

Auch bei der Spülraumfertigung ist der Mensch zwischen den Maschinen nicht zu ersetzen. Die Prüfung der empfindlichen Schweißnaht und des Spülraums übernimmt das menschliche Auge. Ist die Schweißnaht perfekt, geht es in die sognannte Passivierung, durch die der Spülraum gegen Korrosion geschützt wird. Auch wenn Edelstahl in der Regel nicht rostet: Sicher ist sicher. Davon profitiert vor allem die Schweißnaht.

„Das hier ist definitiv eine besonders spannende und herausfordernde Produktion“, resümiert Björn Altemeier. „Unsere drei Produktionssysteme in Bielefeld sind äußerst

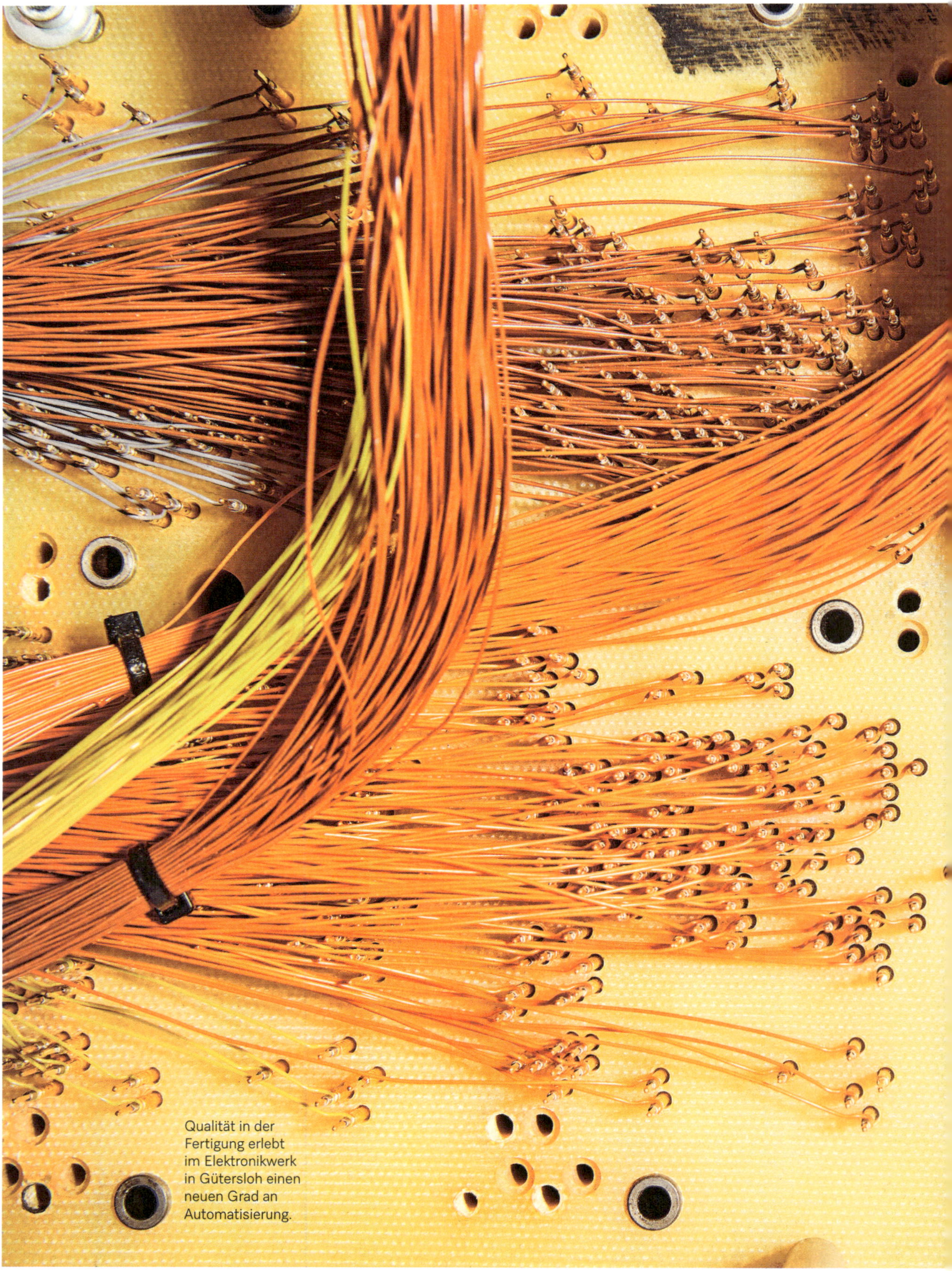

Qualität in der Fertigung erlebt im Elektronikwerk in Gütersloh einen neuen Grad an Automatisierung.

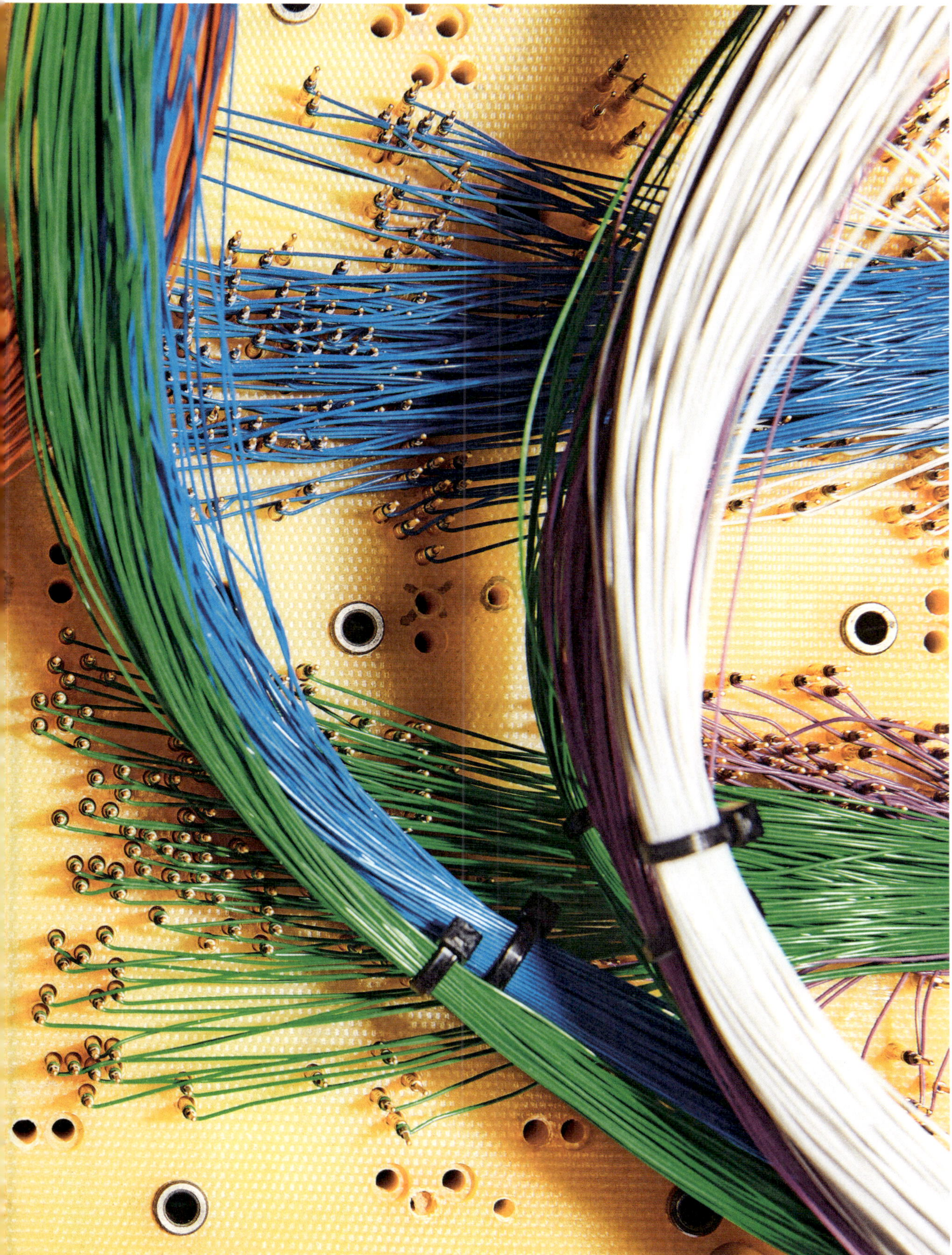

leistungsfähig, die Bereiche tauschen sich untereinander aus und nutzen Synergien."

↑ Ein Blick in das Werk Uničov: Trockner produziert Miele hier seit 2013.

Hohe Stückzahlen

Gleiches gilt für den gesamten internationalen Produktionsverbund, in dem sich die Werke gegenseitig mit Know-how versorgen – vor allem aber mit Edelstahl- und Kunststoff-Baugruppen, Elektronikkomponenten, Antrieben, Pumpen und Kabeltrommeln aus der eigenen Fertigung. Von Bielefeld aus koordiniert Miele zum Beispiel die Produktion weiterer Geschirrspüler im tschechischen Uničov. 2004 gestartet, findet sich hier das mittlerweile zweitgrößte Werk. „Made by Miele" bedeutet mithin längst nicht mehr nur „Made in Germany". Alle Wärmepumpentrockner werden mittlerweile komplett in Tschechien montiert. „Wir sind ein flexibles Werk und nach dem Lean-Management-Ansatz ausgerichtet. Wir gestalten unsere Wertschöpfungskette also sehr schlank und effizient und sind damit äußerst wettbewerbsfähig", sagt Simon Weinekötter, Director Strategic Planning in Uničov. 1,2 Millionen Endprodukte können derzeit pro Jahr in Uničov gefertigt werden, darunter mehr als eine halbe Million Trockner.

An den Hochtaktlinien mit bis zu 35 Arbeitspositionen kann alle 45 Sekunden ein Trockner vom Band gehen. Qualität in hohen Stückzahlen zu gewährleisten, fordert heraus: Jeder Produktionsschritt muss geplant und die Automatisierungstechnik den neuesten Standards angepasst werden. „Das optimiert auch die CO2-Bilanz", so Simon Weinekötter.

Eine internationale Wertschöpfung

Mit all dem ist Uničov längst nicht mehr ausschließlich Standort für Produktion, sondern ebenso für Produktentwicklung und für Engineering von Produktionsanlagen. Auch in Uničov geht eine eigene Abteilung für Forschung und Entwicklung ans Werk. „Damit werden wir facettenreicher in der Art und Weise, wie wir Produkte gestalten können", erläutert Stefan Breit. „Wir profitieren von den Sichtweisen der Teams unterschiedlicher Standorte. Diese haben alle viel Erfahrung mit ‚ihrem' Produkt und bringen Ideen für Verbesserungen und zum Beispiel auch Einsparungen ein. Das ist ein wertvoller Beitrag."

Rund 25 Prozent seines Umsatzes erwirtschaftet Miele in Deutschland, 75 Prozent in den anderen Ländern. Auch den Footprint der eigenen Wertschöpfung hat das Unternehmen längst auf breitere Schultern verteilt. Ein Konzept, um langfristig resilienter und flexibler zu sein, davon ist Stefan Breit überzeugt. Im neuen Werk in Opelika, Alabama, USA, wird Miele zum ersten Mal eine „Local-für-Local"-Lösung haben, hier also nicht für den Weltmarkt produzieren, sondern ausschließlich für Nordamerika, mit speziell für die dortigen Märkte konzipierten Produkten. Stefan Breit: „Dann bedeutet ‚Made by Miele' auch ‚Made in the US'." Egal, wo „Made by Miele" sich entfaltet, die Qualität bleibt die gleiche.

Produktion im Reinraum. In dieser Anlage im Elektronikwerk in Gütersloh werden Touchdisplays foliert.

Hidden Talents

Mit schwungvoll gezogenen Strichen werteten einst Handlinierer Zweiräder bei Miele auf. Welche Berufsbilder prägen Miele heute? Auf der Suche nach „Immer Besser“ in ausgewählten unerwarteten Winkeln des Unternehmens.

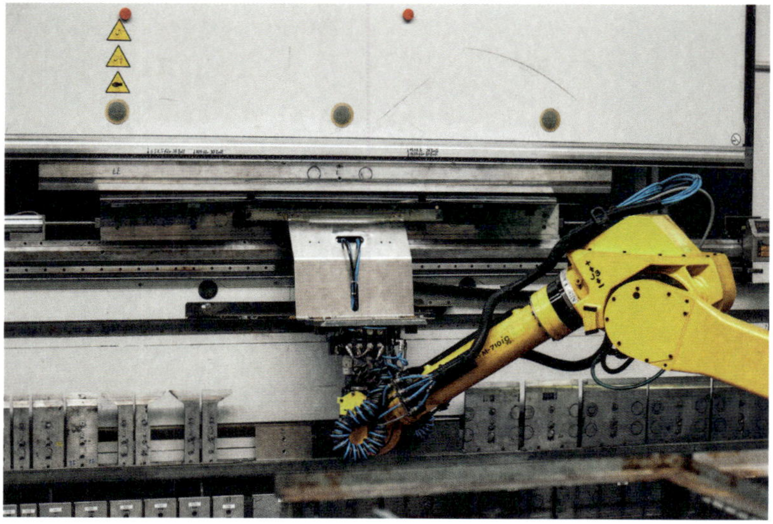

Am Biegezentrum in Arnsberg werden Bleche robotergestützt in die Kantbank geschoben.

Roberta

Roberta bewegt sich anmutiger als manch anderer Roboter. Das findet jedenfalls Martin Weber, und ihm ist das wichtig. Nicht nur das Ergebnis muss stimmen, der Arbeitsprozess selbst soll in fließenden, geschmeidigen Bewegungen ablaufen. Überhaupt sind Formschönheit und eine hohe Kantqualität die Spezialität von Martin Weber und seiner Anlage. Er weiß genau, was es braucht, damit „sein" Roboter beim Kanten nicht blockiert oder Hydraulikschläuche abklemmt. Wie Bleche in die Gesenkbiegepresse oder Kantbank geschoben werden, folgt der Ansage, sprich Programmierung durch Martin Weber.

Seit 2014 arbeiten der gelernte Feinblechner und Roberta, ein sogenannter Kant-Roboter, Seite an Seite. In der Fertigung in Arnsberg bringen sie die Platinen für verschiedene Miele Produkte in Form. „Wir erstellen ein großes Formenspektrum für Dunstabzugshauben."

Der Einzug von Roberta hat Martin Webers Aufgaben verändert. Es ist lange her, dass er selbst große Bleche wuchtete. Heute bringt er das Rohmaterial zum Roboter und programmiert diesen, orientiert an Konstruktionszeichnungen. Je nach gewünschtem Ergebnis kann es schon mal zwei bis drei Tage dauern, bis der Roboter die richtigen Maße und Winkel autark umsetzt. Programmiert wird nah an der Maschine: „Ich kann so vieles ausprobieren und direkt sehen, ob das, was ich mir vorstelle, klappt."

Berührungsängste hatte Martin Weber nie. In den 2000er-Jahren meldet er sich für die ihm noch unbekannten Aufgaben, als er von einem neuen Biegezentrum erfährt. Er macht sich mit Automatisierungstechnologien vertraut. Sieben Jahre später kommt Roberta. „Das war vom Schwierigkeitsgrad her noch mal eine Schippe mehr", erinnert sich Martin Weber, der damals Mitte 40 ist. „Der Anfang war hart, aber es hat mich fasziniert. Ich neige zum Perfektionismus. Ich bleibe dran." Auch in seiner Freizeit packt ihn die Automatisierung; er liest viel, tauscht sich mit Expertinnen und Experten aus. Heute ist er einer, den andere um Rat fragen.

Für seine letzten Jahre bei Miele würde der Ur-Arnsberger, der 2024 sein 40-jähriges Betriebsjubiläum feiert, sogar den Kontinent wechseln: „Bei der Inbetriebnahme des neuen Werks in den USA wäre ich gerne dabei. Zum Schluss noch mal etwas Neues mit aufzubauen, das wäre klasse."

Martin Weber
Konstruktionsmechaniker
Feinblechbautechnik,
Arnsberg

Qichun Dai
Expertin für Datenvisualisierung, Miele X, Amsterdam

An der digitalen Wand bei Miele X wird auch das Dashboard präsentiert.

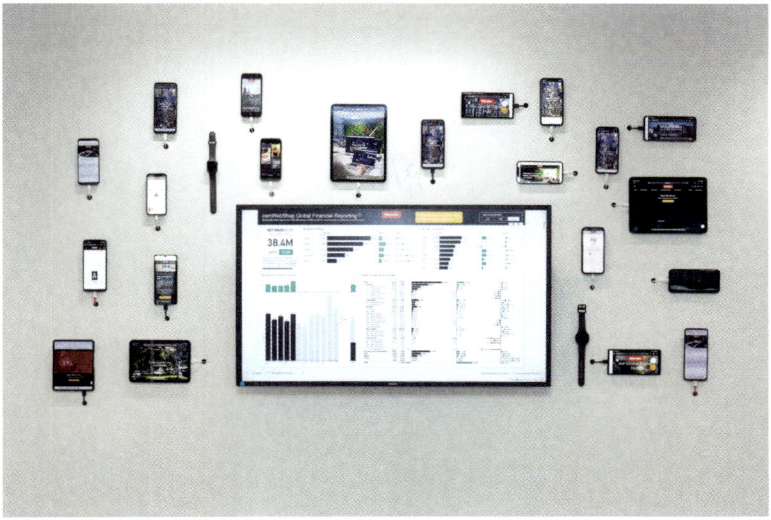

Datengeschichten

Qichun Dai bewegt sich mühelos in einer Welt aus Daten. Wo andere lediglich Zahlen sehen, entdeckt sie Muster, vollzieht Zusammenhänge nach. Vor allem aber findet sie Wege, Daten so in Szene zu setzen, dass sie die Kommunikation unterstützen. Anschaulichkeit und Verständlichkeit sind dabei die Maximen, mit denen sie grafische Übersichten und Analysen für die E-Commerce-Teams aufbaut oder die Performance des Miele Onlineshops sichtbar macht. Qichun Dai ist Expertin für Datenvisualisierung bei Miele X in Amsterdam und verwandelt Daten in visuelle Kurzgeschichten über Entwicklungen – Erfolgsstorys und Herausforderungen, abzulesen auf einen Blick auf dem Dashboard.

Ob das Dashboard positiv grün zeigt oder warnend rot leuchtet, darauf hat Qichun Dai keinen Einfluss. „Unsere Aufgabe ist es, die Daten für die Menschen leichter zugänglich zu machen, damit sie keine Excel-Tabellen öffnen oder Abfragen starten müssen." Dafür steht sie täglich unternehmensweit im Austausch mit unterschiedlichen Kolleginnen und Kollegen. Schließlich muss sie die Anforderungen für ihre Visualisierungen kennen. Für sie ist es wichtig zu wissen: Welche Erkenntnisse brauchen beispielsweise Vertriebsgesellschaften oder E-Commerce-Teams, und sprechen die Daten für sich? So schön die Zahlen dank Qichun Dais Styling auch aussehen mögen, in die Irre führen dürfen sie nicht. „Die Leute müssen sich auf unsere Dashboards verlassen können. Wir legen eine sehr gute Grundlage für die Datenpipeline und stellen sicher, dass die richtigen Daten angezeigt werden." Damit das gelingt, arbeitet sie eng mit sogenannten Dateningenieuren und Datenanalytikerinnen zusammen.

Gemeinsam mit drei Kolleginnen und Kollegen bildet Qichun Dai das kleinste Team im Daten-Department von Miele X, aber ihre Talente sind sehr gefragt. Dazu zählt auch Kreativität – eine Seite der Datenvisualisierung, die Qichun Dai für Miele weiter ausschöpfen möchte. Ihr Traum: „Vielleicht präsentieren wir all die Daten, die wir visualisieren, eines Tages wie in einer Galerie."

Jan Brinkjans
Wirtschaftsingenieur und Manager Digital Factory, Gütersloh

Materialflüsse

Szenarien risikofrei durchspielen, in alle Richtungen denken, geplante Änderungen bewerten, bevor sie umgesetzt werden – kurzum: Wissen, ob es sinnvoll ist, zum Beispiel ein Förderband umzubauen oder eine Anlage zu versetzen, noch bevor man die erste Schraube lockert. All das macht die digitale Materialflusssimulation in Produktion und Logistik möglich.

Jan Brinkjans begleitet dieser digitale Blick in die Risikoreduktion und Chancenoptimierung seit 2009, als er bei Miele sein duales Studium als Wirtschaftsingenieur mit einer Bachelorarbeit zum Thema Simulation abschließt. Zunächst ist er einige Jahre allein als Dienstleister unterwegs, der für Fertigung und Logistik die Materialflüsse digital in simulationsfähigen Modellen abbildet.

Fiona Kattenstroth stößt 2015 während ihres praxisintegrierten Studiums zu Miele. Die Materialflusssimulation hat in ihren Augen so viel Potenzial, dass sie darüber nicht nur ihre Bachelorarbeit schreibt. Sie wechselt entlang „ihres“ Themas in das Production Engineering, aus dem sich das Digital-Factory-Team entwickelt. Seit Mai 2023 leitet Jan Brinkjans diese Einheit, die mit ihren Simulationen vorrangig die Fertigungs- und Logistikplanung in den Miele Werken in

Fiona Kattenstroth
Wirtschaftsingenieurin,
Gütersloh

Gütersloh, Ksawerów und Uničov unterstützt. Längst geht es hier nicht mehr nur darum, in der Planungsphase den größten Mehrwert herauszuholen, sondern auch im laufenden Betrieb. Jan Brinkjans, Fiona Kattenstroth und Co. bauen deshalb aktuell an Digitalen Zwillingen der Laundry-Werke von Miele. „Unsere Simulationen betreffen nicht mehr nur einzelne Bereiche, sondern sie bilden gesamte Fabriken ab."

Perspektivisch sollen alle Produktionsstandorte von Miele als Digitale Fabrik abgebildet werden. Ziel ist es, alle Beteiligten der Fertigungs- und Logistikplanung konsequent miteinander zu vernetzen und Datensilos zu überwinden – „damit unsere Simulation immer realitätsnäher wird und beispielsweise eine Anlage, die sich gerade wirklich in Störung befindet, auch im Simulationsmodell stillsteht", so Jan Brinkjans.

Fiona Kattenstroth verantwortet darüber hinaus ein Forschungsprojekt, das Materialflusssimulationen mittels Künstlicher Intelligenz (KI) weiter nach vorne bringen soll. Das für sie beste Gefühl? „Die Wertschätzung für unsere Simulation. Wenn die ermittelten Konzepte so überzeugend waren, dass sie im Produktionsbetrieb umgesetzt werden."

Sebastian Hunger

Mechatroniker und Spezialist für Industrie 4.0-Anwendungen und Roboterapplikationen, Gütersloh

Mit 30 hochauflösenden Kameras begutachtet MAOKII Oberflächendefekte im Werk in Gütersloh.

KI-Training

Sebastian Hunger mag Herausforderungen, für die es noch keine festgeschriebenen Lösungen gibt. Diesen Ehrgeiz zeigt auch seine persönliche Miele Geschichte, die ihn von der Mechatroniker-Ausbildung zum berufsbegleitenden Masterstudium Mechatronik mit der Fachrichtung Robotik führte. Als Spezialist für Industrie 4.0 und Künstliche Intelligenz (KI) weiß Sebastian Hunger außerdem, dass komplexe Technologien meist nur dann verstanden und akzeptiert werden, wenn man sie einfach erklärt – und mit der eigenen Begeisterung auflädt. Wenn also eine der ersten praxistauglichen KI-Anwendungen mit tiefen neuronalen Netzen in die Produktion einzieht, leistet Sebastian Hunger bereitwillig Start-, vor allem aber Verständnishilfe. Zum Beispiel mit einem sympathisch-verständlichen Infoblatt: „Dieser Zettel hängt am Elektroschrank, links von dir befindet sich der Serverschrank (hier ‚arbeitet' die Künstliche Intelligenz) und rechts von dir – der Kasten über dem Transportband – ist das eigentliche ‚Auge' von MAOKII." So entfacht er die Neugierde von Kolleginnen und Kollegen.

MAOKII, das Akronym für „Mieles automatisierte Oberflächen KI Inspektion", wird von Sebastian Hunger seit 2020 verantwortet. Gemeinsam mit seiner Projektgruppe trainiert er die Klassifizierungsfähigkeit der KI – und fördert, wenn man so will, ihre kulturelle Integration. „Akzeptanz für MAOKII zu schaffen, war anfangs schwer. Es ist das erste System seiner Art, das wir in die Produktion einfügen. Und es ist sehr komplex. Es trifft Entscheidungen, denen ich als Mensch vertrauen soll, ohne vielleicht genau zu verstehen, warum es so entscheidet. Eine KI funktioniert nicht regelbasiert. Das ist kein Roboter, den ich programmieren kann, und das verunsichert viele erst einmal", erläutert Sebastian Hunger.

Um zu lernen, bekommt MAOKII tagaus, tagein Oberflächendefekte aller Art gezeigt, die es pro Bauteil in vier Sekunden analysiert. „So entwickelt die KI ein Verständnis dafür, welche Abweichungen zulässig sind und welche nicht. Sie erkennt aber auch Mängel, die sie noch nicht gesehen hat", sagt Sebastian Hunger. „Sehen" kann die KI mit 30 hochauflösenden Kameras, die das Förderband in Echtzeit aufnehmen. „Pro Bauteil kommen so etwa 1,5 bis 2 Gigabyte an Bilddaten zusammen." Wie es für MAOKII weitergeht? Die Trainingsphase ist erst einmal vorbei. Ab 2024 ist die KI ein aktiver Bestandteil der Fertigung. Wieder Neuland. Sebastian Hunger hat dafür bestimmt schon einen Plan.

Im Musterbau in Lehrte nehmen neue Produkte für die gewerbliche Wäschepflege eine erste Gestalt an.

Im Spannungsfeld

Wie lässt sich die Nutzung eines Trockners für Kundinnen und Kunden noch attraktiver gestalten? Womit wird zum Beispiel das Reinigen eines Flusenfilters komfortabler? Was ist zu tun, damit das Gerät im alltäglichen Gebrauch noch effizienter und nachhaltiger wird? Mit welchen gesetzlichen Normen ist in den nächsten Jahren zu rechnen? Es sind Anfragen aus unterschiedlichsten Bereichen, die Florian Wernhard täglich aussteuert. Als Systemarchitekt für gewerbliche Trockner arbeitet er ganz vorne mit, wenn Miele in dieser Kategorie neue Produktgenerationen auf den Markt bringt oder sogenannte Facelifts von Bestandsgeräten umsetzt. Er orchestriert dazu die Anforderungen vieler Interessensgruppen und Inputgeber, zum Beispiel aus Marketing, Design, Kundenservice, Fertigung & Montage oder der Technologieentwicklung, wägt ab und empfiehlt für das Entscheidungsgremium eine Richtung. Auch bei Kundenbesuchen verschafft sich Florian Wernhard einen Einblick zu deren Arbeitsabläufen und Anforderungen, die in die Entwicklung einfließen. Dadurch begleitet er den gesamten Weg eines gewerblichen Trockners von der ersten Idee bis zur Serienreife.

Florian Wernhard will Zukunft bei Miele technisch mitgestalten. Mit diesem Anspruch startet er im Mai 2021 zunächst in der mechanischen Konstruktion am Standort Lehrte. Und deshalb zieht es ihn eigentlich in die technische Projektleitung. Die noch neue Position in der Systemarchitektur – pro Produktkategorie gibt es je einen Posten – öffnet sich für ihn im Januar 2023. „Ich hätte nicht gedacht, dass ich mir meinen Wunsch auf diese Weise erfüllen würde. Es ist genau die Stelle, die ich gesucht habe." Er schätzt, wie interaktiv seine Aufgaben sind. Um das Spannungsfeld mehrerer Sichtweisen für die bestmögliche Lösung zu koordinieren, ist der Systemarchitekt auf den fachlichen Austausch angewiesen. „Ich gehe auch in die Labore und schaue mir die Produkte im Einsatz an. Ich bin dabei, wenn im Musterbau neue Produkte Gestalt annehmen." Der Rundumblick ergänzt seine Expertise als Mechatroniker und Maschinenbauer. „Technisches Verständnis links und rechts vom eingeschlagenen Weg zu haben, das ist wichtig. Überhaupt ein Grundverständnis auf vielen verschiedenen Ebenen mitzubringen."

Das gilt auch für den strategischen Blick. Wo will Miele in zehn Jahren mit seinen gewerblichen Trocknern stehen? Noch eine Frage, die Florian Wernhard akribisch austariert, wenn er Handlungsempfehlungen gibt. „Ich lerne unaufhörlich Neues dazu, zum Beispiel wenn ich technische Hintergründe tiefer verstehen muss, um die besten Entscheidungen für bestmögliche Produkte zu treffen. Das ist mein tägliches ‚Immer Besser'."

Florian Wernhard
Systemarchitekt Gewerbliches Trocknen, Lehrte

Diana Klapper

Biotechnologin in der Anwendungstechnik, Bielefeld

Im Labor der Anwendungstechnik in Bielefeld werden auch die mikrobiologischen Aspekte von Hygiene untersucht.

Hygiene

Ihrer eigenen Spül- und Waschmaschine kann Diana Klapper immer noch entspannt gegenübertreten. Zwar weiß sie, welche unangenehmen Überraschungen in den Geräten schlummern können, aber auch, wie man ihnen vorbeugt. In der Business Unit Professional ist sie seit 2001 für die mikrobiologischen Aspekte und die hygienische Sicherheit von Geräten zuständig, die in herausfordernden Umgebungen wie Kindertagesstätten, Pflegeeinrichtungen und Krankenhäusern genutzt werden. Diese Geräte prüft sie praxisnah, zum Beispiel während des Spülvorgangs, um die realen Bedingungen nachzustellen. Herausgefordert werden sie durch Prüfkörper, die unter anderem mit Keimen, Stärke und Eiweißen angeschmutzt wurden.

„Es geht darum, zu verhindern, dass sich Ablagerungen bilden. Selbst vermeintlich harmlose Rückstände wie Kalk, Fussel oder Haare machen es Keimen leicht, sich festzusetzen und zu vermehren." Wie problematisch das sein kann, wissen auch Nicht-Hygieniker spätestens seit Beginn der Coronapandemie. „Das hat Hygiene noch mal neu definiert", sagt Diana Klapper.

Hygiene, so beschreibt es Diana Klapper, ziehe sich bei Miele wie der sprichwörtliche rote Faden durch alle Business Units und sei ein Thema, zu dem im besten Fall alle die gleiche Haltung haben. Als Sprecherin des Innovation Circle Cluster (ICC) Hygiene der Miele Gruppe bringt sie unterschiedlichste Arbeitsbereiche für das Thema zusammen. Gemeinsam erarbeitete das Cluster unter anderem eine Fehlermöglichkeits- und Einflussanalyse, mit der sich die Risikofaktoren von einzelnen Bauteilen oder Baugruppen von Geräten bewerten lassen, aber auch Maßnahmen definiert werden, um Ablagerungen in den Geräten zu reduzieren. „Ein wichtiger, gemeinsamer Meilenstein", erzählt Diana Klapper, die weiß, wie elementar es ist, auch die Sichtweise eines Maschinenbauers zu kennen, wenn es um die möglichst ablagerungsarme Konstruktion von Bauteilen geht.

Sie selbst genießt das berufliche Dasein an der facettenreichen Schnittstelle von Mikrobiologie und Technik: „Wer eine mikrobiologische Fragestellung hat, kann mich jederzeit kontaktieren. Auch dafür bin ich da."

1899

1949

Zwei Gründer stehen am Anfang von Miele. Genauso elf Mitarbeiter. Einer von ihnen trägt, so viel ist gewiss, Bart. Allesamt sind sie Macher, zunächst von Milchzentrifugen. **Ihr Anspruch: überirdisch.**

Immer neue Produkte werden erschaffen, neue Werke gebaut. „Juwelen“ in Zentrifugenform entstehen, aber auch Buttermaschinen und Staubsauger in Kompaktbauweise. Man fährt nun Fahrrad – auch mit Miele. **„Immer Besser“ etabliert sich.** Von den Höfen geht es zunehmend in die Haushalte.

Eine Kornmühle in Herzebrock

1899

Den Weg zum Amtsgericht in Rheda sollen sie zu Fuß zurückgelegt haben. Am 1. Juli 1899 lassen Carl Miele sen. und Reinhard Zinkann dort die Zentrifugenfabrik Miele & Cie., damals noch als offene Handelsgesellschaft (OHG), in das Handelsregister eintragen. In der westfälischen Gemeinde Herzebrock-Clarholz beziehen sie eine ehemalige Kornmühle und machen diese zu ihrer Werkstatt. Vier Drehbänke, eine Bohrmaschine, Hammer, Zangen, Schraubstöcke und eine Dampfmaschine mit 16 PS sind die Requisiten des Anfangs. Neben der Mühle, im „Zumbusch-Haus", entstehen die kaufmännische Verwaltung, eine Packerei und eine Schlosserwerkstatt. Elf Mitarbeiter stehen den Gründern montags bis samstags zur Seite. Gemeinsam heben sie die Produktion der Milchzentrifuge Meteor in nur vier Wochen aus der Taufe. Das erste Miele Produkt wird ein Erfolg, der alles andere als selbstverständlich ist. Es gilt, sich gegen rund 30 Zentrifugenhersteller in der Umgebung durchzusetzen.

Das Fabrikgebäude („Nöllmannsche Mühle") in Herzebrock, 1903. Der Schriftzug wurde vermutlich nachträglich in das Bild integriert und befand sich so nicht auf dem Gebäude.

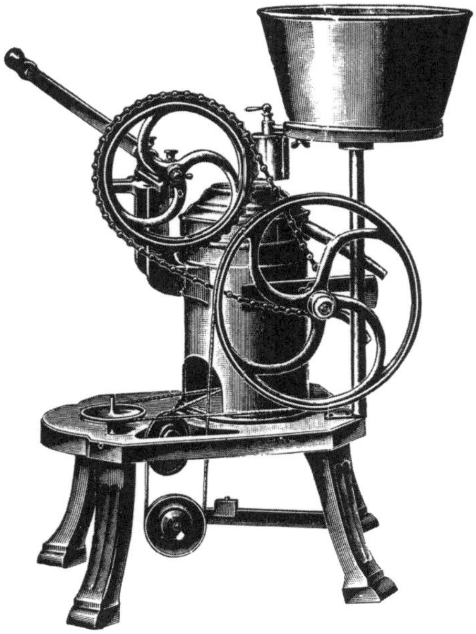

Milchzentrifuge Meteor für Handbetrieb, Modell von 1899

Buttermaschine mit Schwungrad, Modell von 1900

1900

Die beste Buttermaschine

Tagsüber wird produziert, nachts an der Zukunft von Miele getüftelt. So entsteht Carl Mieles Prototyp einer Holzbuttermaschine mit Schwungrad für Handantrieb. Die Abnehmerinnen und Abnehmer hierfür kommen vor allem aus der Landwirtschaft. Der neue Produktionszweig macht eine Vergrößerung des Betriebs erforderlich. Eine Holzverarbeitungsabteilung entsteht für das Kernstück der Buttermaschine, das Butterfass. Auch das zweite Miele Produkt heißt Meteor und geht nach einem halben Jahr in die Serienproduktion, nachdem es zunächst in geringer Stückzahl erprobt worden war. Auf dem Deckel findet sich ab 1901 das Fabrikzeichen von Miele mit dem heute legendären Markenversprechen „Immer besser“, damals noch mit kleinem „b“. Wenige Jahre später, ab 1906, bietet Miele Buttermaschinen und Milchzentrifugen mit Riemenscheibe für den Kraftantrieb, so können größere Fassungsvermögen erreicht werden. Mit steigender Nachfrage wächst auch die Zahl der Modelle: Kleinere Ausführungen werden um größere ergänzt. Im Jahr 1911 umfasst das Buttermaschinen-Portfolio bereits mehr als 50 verschiedene Geräte.

Holzbottichwaschmaschine Meteor, Modell von 1901

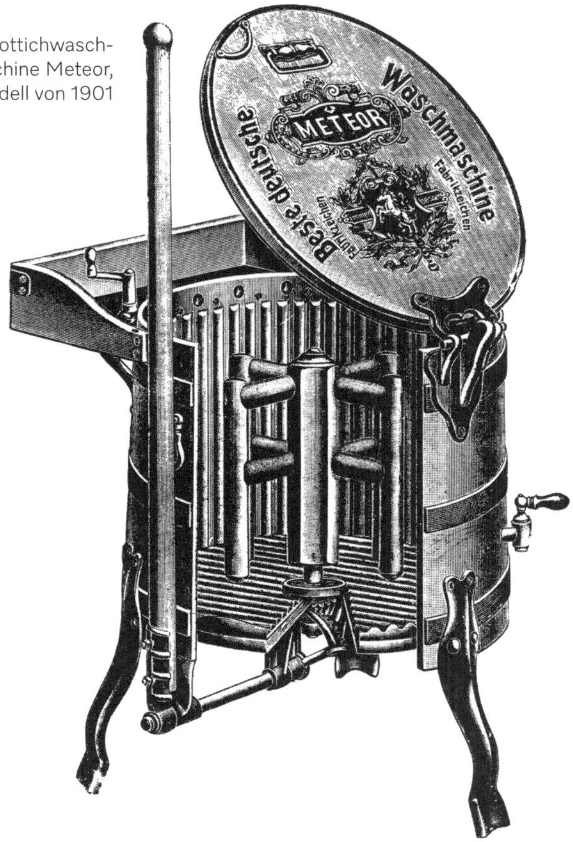

Julie, Mimmi und Ottilie

1901

Miele kommt auf die Waschmaschine. Das neueste Gerät aus Herzebrock: ein Holzbottich und ein hölzernes Waschkreuz, das manuell über einen Seitenhebel betätigt werden kann. Auch diese Maschine nennt Miele Meteor. 1902 folgt die nächste Holzbottichwaschmaschine, genannt Hera nach der Göttin der Ehe, der Frauen und der Familie aus der griechischen Mythologie.

In den Folgejahren werden die Ruf- beziehungsweise Bestellnamen für Miele Waschmaschinen immer irdischer und orientieren sich an zeitgenössischen Mädchennamen wie Irma, Julie, Mimmi, Ottilie oder Rosa. Die Produkte, die mittlerweile von mehr als 40 Mitarbeitenden gefertigt werden, greifen den technischen Fortschritt in den Haushalten auf. Denn: Strom breitet sich aus. 1904 wird analog zur langsam voranschreitenden Elektrifizierung eine Waschmaschine mit „Kraftantrieb", insbesondere für landwirtschaftliche Betriebe, entwickelt. Der Elektromotor wird über einen Treibriemen verbunden. Die damals herausgestellten Qualitätsmerkmale: „geräuschloser Gang, wenig Kraftverbrauch, keine Reparaturen und langjährige Haltbarkeit [...]." Miele rechnet vor: „Während die Kraftwaschmaschine die Wäsche selbsttätig reinigt, können von der Wäscherin die übrigen Verrichtungen vorgenommen werden [...]."

1907

Umzug nach Gütersloh

Bei Miele herrscht Hochkonjunktur. In Herzebrock wird es zu eng, und es braucht noch mehr Arbeitskräfte. Die Gründer beschließen deshalb den Umzug an den gut 10 Kilometer entfernten Industriestandort Gütersloh. Zum 1. August 1907 übernimmt Miele dort eine Pumpen- und Metallwarenfabrik mit Gleisanschluss. Am bedeutenden Schienenweg zwischen dem Ruhrgebiet und der Hauptstadt Berlin geht es weiter bergauf. 1914 bezeichnet sich das Unternehmen in einem Katalog selbst als „Größte Spezialfabrik Deutschlands für Milchzentrifugen, Buttermaschinen, Wasch-, Wring- und Mangelmaschinen".

Während Miele in Gütersloh ein neues Zuhause findet, eröffnet Reinhard Zinkann in Darmstadt ein Verkaufsbüro. Von hier aus soll der Vertrieb im süddeutschen Raum und in den angrenzenden Ländern intensiviert, Kundenkontakte enger geschnürt werden. Weitere Niederlassungen entstehen in Frankfurt (Oder), München und Halle (Saale). Der Grundstein für die Vertriebsorganisation ist gelegt. Mit dem Ausbau der eigenen Fertigung in Gütersloh gelingt es zudem, die zahlreichen Arbeitsvorgänge verschiedener Werksabteilungen zu standardisieren und aufeinander abzustimmen. Das ermöglicht immer größere Produktionsserien trotz vielfältiger Produktpalette.

Der zunehmende Erfolg lässt sich beziffern. Im Firmenkatalog vom Juni 1914 ist zur Firmengröße zu lesen: „Betriebskraft: 450 PS. Beamte und Arbeiter: 500. Benutzte Arbeitsfläche ca. 17.000 qm. Trockenräume für 20 Ladungen Holz. Eigene Faßfabrik. Eigene Eisen- und Metallgießerei."

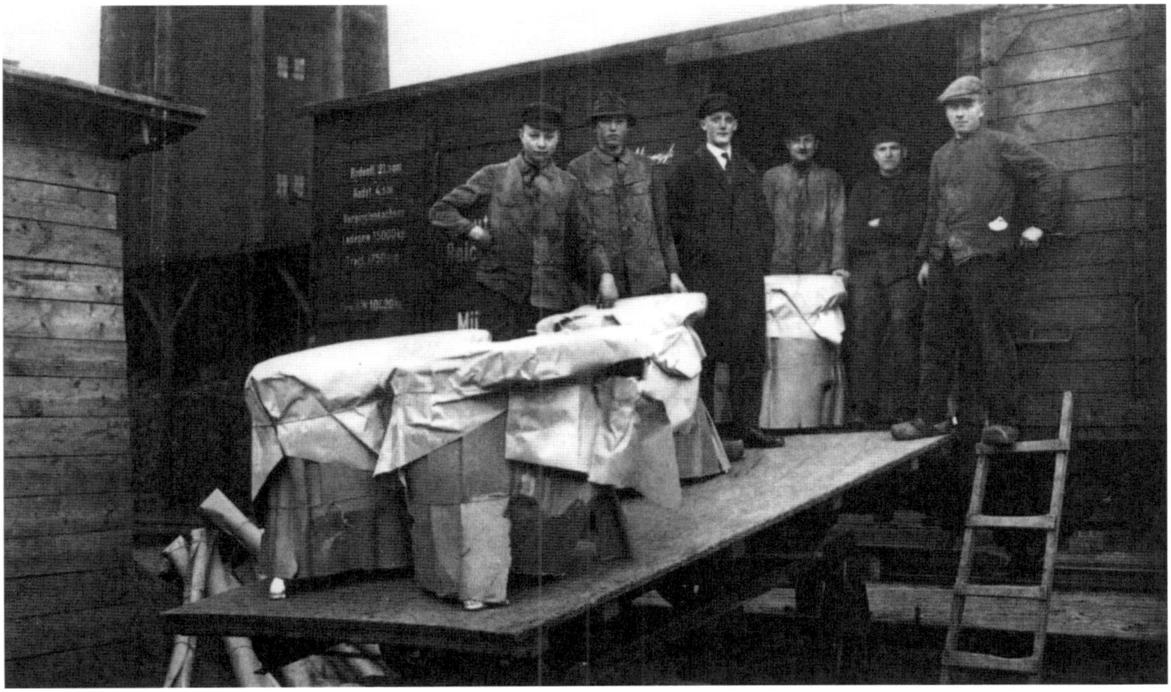

Arbeiter auf der Laderampe eines Eisenbahnwaggons. Das Foto ist undatiert, aber es gibt Anhaltspunkte: Im Hintergrund ist der fast 30 Meter hohe Wasserturm zu sehen. Er wurde 1917 von der Preußischen Staatseisenbahn erbaut – damals noch abseits des Werksgeländes. Zudem konnte einer der fotografierten Männer identifiziert werden: Wilhelm Esselbrügge (3.v.l.), zwischen 1917 und 1968 „Handlungsgehilfe" bei Miele.

Lina Zinkann, Katharina Miele, Carl Miele sen. und Reinhard Zinkann (v.l.) anlässlich des 25. Firmenjubiläums auf dem Werksgelände in Gütersloh, 1924

Im Porträt

Die **Gründer**

Der eine leitet eine Baustoff- und Eisenwarenhandlung und ist begeisterter Techniker. Der andere ist passionierter Handelsreisender für Großhandlungen und Kaufmann mit breitem Netzwerk in der Eisenwarenbranche. Als sich Carl Miele sen. und Reinhard Zinkann Ende des 19. Jahrhunderts zum ersten Mal begegnen, hat wohl für sie auf der Hand gelegen: Wir ergänzen uns ideal.

Carl Miele sen. wird am 25. Juli 1869 in Herzebrock geboren und wächst auf einem Bauernhof auf. Sein technisches Talent zeichnet sich früh ab. Der gelernte Maurer besucht die Technische Fachschule in Buxtehude, ehe er in Herzebrock 1895 eine Baustoff- und Eisenwarenhandlung gründet. Hier verkauft er unter anderem Milchzentrifugen. Sein erstes eigenes Produkt dieser Art entwickelt er zwei Jahre später zusammen mit dem Schlosser und Dorfschmied Arnold Steinker. Die Nachfrage ist groß, sodass Carl Miele sen. bald weiter expandieren will, während sich sein damaliger Partner wohl eher als Handwerker versteht. So trennen sich ihre Wege wieder.

Reinhard Zinkann wird am 13. März 1869 in Eilpe bei Hagen geboren. Er entscheidet sich 1883 für eine kaufmännische Lehre. Nach einer kurzen Station in einem Elberfelder Eisenwarenhandel und seinem Militärdienst in Köln übernimmt er eine Stelle als „Reisender“ bei der Eisenwarengroßhandlung Berker & Cie. in Lüdenscheid. Als er im Sommer 1898 geschäftlich im ostwestfälischen Oelde unterwegs ist, hört er die Geschichte von erfolgreichen Zentrifugenfabrikanten. Sein schon lang gehegter Wunsch, sich selbstständig zu machen, erhält neue Nahrung. Auf Empfehlung wendet er sich schließlich an Carl Miele sen. in Herzebrock, der Zentrifugen vertreibt und sogar schon selbst hergestellt hatte.

Es ist eine Schicksalsbegegnung – und Startpunkt für ein Unternehmen, das von da an über Generationen kontinuierlich wächst und zu einer der angesehensten Marken der deutschen Industriegeschichte wird. 40 Jahre lang, bis zu ihrem Tod Ende der 1930er-Jahre, arbeiten Carl Miele sen. und Reinhard Zinkann Seite an Seite.

Ein Juwel

1908

Ausruhen auf den Anfangserfolgen? Auf keinen Fall. Miele innoviert weiter. Im März 1908 wird ein Verfahren zur Herstellung von Metallüberzügen durch Zentrifugieren zum Patent angemeldet.

Zum Verkaufsschlager wird die neue Milchzentrifuge Juwel, die in zehn Größen erhältlich ist. In den Folgejahren gewinnt die Juwel viele internationale Preise. Miele bietet alternativ zur zweijährigen kostenlosen Garantie auch eine Instandhaltungsgarantie. Gegen jährlich 3 Mark verpflichtet sich das Unternehmen, „jede im Laufe von 10 Jahren notwendig werdende Reparatur, mag sie heißen, wie sie will, kostenlos so auszuführen, daß die Maschine wieder allen gerechten Anforderungen entspricht."

Milchzentrifuge Juwel, Modell von 1908

Für die Belegschaft

1909

Zunächst zum Schutz im Krankheitsfall der etwa 180 Mitarbeitenden, später auch ihrer Familien, wird eine Betriebskrankenkasse gegründet. Kurz vor Heiligabend im Jahr 1910 verkündet die Werkleitung zudem, dass Mitarbeitende erstmals eine Weihnachtsgratifikation erhalten werden. 1929 rufen Carl Miele sen. und Reinhard Zinkann eine Fürsorgeeinrichtung für die Alters-, Invaliden- und Hinterbliebenenrente ins Leben. Im selben Jahr löst eine Weltwirtschaftskrise weitreichende wirtschaftliche und soziale Folgen aus.

Müheloser auswringen

Auch mechanische Wäschewringer aus den USA erleichtern Anfang des 20. Jahrhunderts zuverlässig den Alltag, indem sie das mühsame Auswringen der nassen Wäsche übernehmen. Nachdem Miele diese drei Jahre lang verkauft hatte, fertigt und vertreibt das Unternehmen nun einen eigenen mechanischen Wäschewringer. Er ist mit Flügelschrauben an Waschbottich oder Waschtisch befestigt. 1913 liefert Miele den Wringer direkt am Tisch montiert. Zehn Jahre später werden Wringmaschinen mit Zahnrädern produziert. Sie verhindern, dass bei falscher Bedienung die Wäsche durch die Walzen gezerrt wird. Bis in die 1960er-Jahre bleiben Wringer im Produktprogramm.

Ab 1913 verkauft Miele auch Wäschemangeln, damit die Wäsche nicht nur trocken, sondern faltenfrei wird. „Der Kauf einer Mangel ist Vertrauenssache. Ausschlaggebend [...] muß immer die Qualität und der Preis, nicht nur der Preis allein sein“, betont ein Produktkatalog etwa ein Jahrzehnt später zum 25-jährigen Bestehen von Miele. 1928 kommt die erste elektrisch betriebene Wäschemangel des Unternehmens auf den Markt.

„5 Jahre Garantie für den Familiengebrauch“: Miele wirbt in der ersten Hälfte der 1920er-Jahre für seine Wringmaschine.

Auf der Wanderausstellung der Deutschen Landwirtschaftsgesellschaft präsentiert sich Miele vom 22. bis 27. Juni 1911 in Kassel mit zahlreichen Produkten und einem aufwendig gestalteten Stand. Ganz rechts im Bild steht Reinhard Zinkann, einer der beiden Unternehmensgründer.

ITANIA
1149

Das Miele Auto

Für Carl Miele sen. ist es eine wohl lebenslange Faszination. In der Geschichte des Unternehmens spielt die Produktion von Autos eher eine kleine Rolle. Denn was 1912 euphorisch beginnt, lässt man bereits 1914 in weiser Voraussicht wieder los. Die Gründer ahnen, dass der hierfür langfristig notwendige Kapitalbedarf die Möglichkeiten ihres Familienunternehmens übersteigen würde. Sie ziehen trotzdem alle Register.

Beim Dampfkessel-Überwachungs-Verein Paderborn beantragt Miele eine Typenbescheinigung, die dem Unternehmen am 23. März 1912 vom Regierungspräsidenten von Minden ausgestellt wird. Gebaut und geliefert werden bald drei verschiedene Fahrzeugtypen (K 1, K 2 und K 3), darunter Zwei- und Viersitzer als Phaeton und Doppel-Phaeton, Landaulet, Limousine und Lieferwagen mit Kasten. Die Vierzylindermotoren der Fahrzeuge umfassen 1.567 oder 2.292 cm^3 und leisten 20 beziehungsweise 28 PS. Die Höchstgeschwindigkeit beträgt, je nach Typ, 60 bis 80 km/h. Die Preise bewegen sich zwischen 5.100 und 7.900 Mark. Miele Autos überzeugen auch auf Rallyes, die den Absatz weiter ankurbeln. Die Fahrzeuge werden nach Österreich-Ungarn, Frankreich, Russland, sogar nach Uruguay und Brasilien verkauft. Trotzdem kommen Carl Miele sen. und Reinhard Zinkann zu dem Schluss: Das Geschäft mit dem Auto rechnet sich nicht, wohl aufgrund der kostenintensiven und nicht skalierbaren manufakturartigen Herstellung. 1914 wird das vermutlich letzte von insgesamt 143 Miele Autos verkauft. Eines von ihnen kehrt 1996 nach einer weltweiten Suchaktion zu Miele zurück. Ein deutscher Tourist hatte das Modell K 1, Baujahr 1913, in einer norwegischen Garage entdeckt. Heute steht es im Miele Museum in Gütersloh.

Ein Miele Auto in den 1910er-Jahren, am Steuer der Ingenieur Oskar Klemm, neben ihm ein prominenter Beifahrer: Firmengründer Carl Miele sen.

Schnellwaschmaschine Nr. 28 mit herausnehmbarem Waschflügel, Modell von 1913

Kraftwaschmaschine Nr. 50 mit angebautem Elektromotor, Modell von 1914

1913

Aber preiswert!

Hausgeräte haben bei Miele nun den gleichen Stellenwert wie die landwirtschaftlichen Produkte. Selbst die Vielfalt in den Modellen, die große Produktpalette und die Massenproduktion tun der Qualität keinen Abbruch. Miele sei „zwar nicht billig[,] aber in des Wortes wahrster Bedeutung preiswert", betont das Unternehmen. Einen Mehrwert bringt bei der Waschmaschine ein vollständig verdecktes Getriebe, um die Bedienungssicherheit zu erhöhen. Das Waschkreuz aus Stahlblech mit zwei Holzzapfen und zwei Flügelbrettern wird für die folgenden Jahrzehnte zum Standard. Der Wäschebeweger ist höhenverstellbar und kann herausgenommen werden. Die Wäsche lässt sich dadurch viel leichter einfüllen und entnehmen. „Wir haben stets das größte Gewicht auf die Güte der Ware gelegt. Die Folge davon war und ist, daß ‚Miele'-Qualitäts-Maschinen jedem Eisenhändler und Haus- und Küchengeräte-Geschäft bekannt sind", verdeutlicht ein Produktkatalog von 1914.

1914

Waschmaschine Nr. 50

Zu ihrer Zeit ist sie das „Ideal einer elektrischen Waschmaschine": Die Miele Waschmaschine Nr. 50 hat einen angebauten Elektromotor und kann an jede Steckdose der Lichtleitung angeschlossen werden. Gut bei Stromausfall, natürlich auch in Kriegszeiten: Auf Wunsch können alle drei Modellvarianten der Maschine (Nr. 50/51/52) auch mit einer Vorrichtung ausgestattet werden, die den Handbetrieb ermöglicht.

Hermann Böcker war einer der ersten elf Mitarbeiter in Herzebrock. Das Bild zeigt ihn etwa Anfang der 1930er-Jahre.

Der erste Mitarbeiter

Jedes Unternehmen hat Gründer, die nicht nur an ihre Ideen glauben, sondern es auch wagen, Menschen einzustellen, und, je nach Branche, eine Fabrik aufzubauen. Genauso war es am Anfang des Unternehmens Miele, als die zwei Gründer mit elf Mitarbeitern in Herzebrock beginnen, Milchzentrifugen zu fertigen. Der erste ist sogar namentlich bekannt: Hermann Böcker, geboren am 6. Januar 1864 in Herzebrock. Mit Carl Miele sen. findet er ursprünglich über den Landhandel zusammen, den Miele betreibt. Böcker ist dort als Arbeiter beschäftigt. Als Carl Miele sen. und Reinhard Zinkann 1899 gemeinsam starten, ist er von Anfang an dabei und fungiert später als Werkleiter.

Ein biegsamer Mann ist er nicht, der Hermann. Aus seiner Heimat Herzebrock wird er nicht weichen, auch nicht, als Miele 1907 nach Gütersloh weiterzieht. Bei seinen Zeitgenossen ist der tüchtige Arbeiter als „de ruge Hiarm" bekannt, was so viel bedeutet wie „der raue Hermann". Eindruck hinterlassen hat er wohl. Noch heute hängt ein Porträt Hermann Böckers im ehemaligen Büro von Carl Miele jun. – und hatte dort auch schon zu Lebzeiten des Gründersohns gehangen. Carl Miele sen. soll Hermann Böcker 1932 persönlich durch die Fabrikanlagen geführt haben. Vieles aus dessen Leben bleibt aber bis heute unbekannt. Hermann Böcker verstirbt am 9. Oktober 1942 in Herzebrock.

1915

Mit Rädern über die Runden

Als im Ersten Weltkrieg das Material knapp wird und es auch der Bevölkerung am Nötigsten fehlt, beginnt Miele mit der Produktion von Kasten- und Leiterwagen. Dringend benötigte Metalle spürt das Unternehmen zum Beispiel über Zeitungsinserate auf. Für „jedes Quantum Altertumszinn (alte Zinngeschirre und Teller)“ bietet Miele 7 Mark pro Kilo. Auch Beschäftigte sind schwer zu finden. Miele sucht via Zeitung Tischler, Kreissäger, Böttcher, Schmiede, Klempner und Dreher, aber auch „kräftige Frauen und ältere Mädchen“ sowie „Lehrlinge für alle Abteilungen“. Nach Kriegsende 1918 steigt die Zahl der Mitarbeitenden, nicht zuletzt wegen der Kriegsheimkehrer, von 450 auf 600.

1916

Trotzdem Bielefeld

Die Produktpalette soll weiterwachsen. Das hatten Carl Miele sen. und Reinhard Zinkann schon vor dem Ersten Weltkrieg beschlossen, und dafür wird ein zweites Werk benötigt, das im benachbarten Bielefeld entstehen soll. Davon lassen sich die beiden auch durch den Ersten Weltkrieg und dem dadurch bedingten Rohstoffmangel nicht abbringen – allein der Baubeginn wird verschoben. 1916 erwerben die Firmengründer an der Schildescher Straße in Bielefeld umfangreiche Grundstücke für eine „große Fahrrad- und Maschinenfabrik“. Eigentlich sollen dort – nach einem ersten Anlaufversuch in Gütersloh 1914 – Fahrräder produziert werden, denn sie sind das bevorzugte Fortbewegungsmittel der Landbevölkerung und ergänzen das Produktportfolio für diese Zielgruppe ideal. In Bielefeld existiert bereits eine Fahrradindustrie, und es gibt erfahrene Facharbeiterinnen und Facharbeiter. Nach Abschluss des ersten Bauabschnitts werden ab 1916 aber zunächst Einzelteile für Milchzentrifugen hergestellt.

Ein erstes Foto

Die Aufnahme zeigt „Elisabeth Ossenbrink als Arbeiterin in der Faßfabrik der Fa. Miele". Es handelt sich um die älteste noch vorliegende Fotografie aus der Produktion des Unternehmens – lange Zeit galten die Aufnahmen aus dem Prachtalbum 1919 (siehe nächste Seite) als die ersten fotografischen Zeugnisse aus der Fertigung in Gütersloh.

Das frühe Foto aus der Produktion findet sich im Stadtarchiv Gütersloh.

Anlässlich ihrer 50. Geburtstage 1919 spenden Carl Miele sen. und Reinhard Zinkann 100.000 Mark für die Unterstützungskasse der Mitarbeitenden. Die Belegschaft gratuliert im Gegenzug mit einem Prachtalbum in Ledereinband, darin großformatige Fotografien, die das Werk und seine damals ungefähr 900 Mitarbeitenden zeigen. Hier ist Carl Miele sen. (Bildmitte) in der Eisengießerei zu sehen.

Melken leicht gemacht

1920

Im Laufe des Jahres 1920 entsteht eine neue, umfangreichere Metall- und Eisengießerei in Gütersloh. Sie befindet sich ab 1921 im Einsatz. Die bereits bestehende Konstruktionsabteilung befasst sich derweil verstärkt mit der Arbeitserleichterung für die Landwirtschaft. Im Zusammenspiel mehrerer Abteilungen entsteht eine elektrische Kleinmolkerei, bei der Zentrifuge, Buttermaschine und -kneter von einem einzigen Motor angetrieben werden. Ab 1922 testet Miele in einer voll funktionsfähigen Versuchsmolkerei unweit von Gütersloh seine Produkte im Praxiseinsatz. Ab 1926 beginnt die Produktion von Melkanlagen im Werk Bielefeld.

Mobile Melkmaschine mit Motor, Ende der 1920er-Jahre

Wertlose Scheine

1923

Das Werk in Bielefeld nimmt die Fertigung von Elektromotoren auf. Unter der Bezeichnung M 1 wird zunächst ein Waschmaschinenmotor hergestellt. Die Inflation macht indes auch Miele zu schaffen. Reinhard Zinkann beschreibt die Lage Anfang der 1920er-Jahre rückblickend so: „Es ist kaum zu glauben, daß es in Deutschland eine Zeit gab, in der man für 1 Mio. Reichsmark nicht ein kleines Brot kaufen konnte. Für mich war das Jahr 1923 ganz besonders aufregend, denn wenn ich z.B. in Darmstadt zehn Miele-Zentrifugen gegen Kasse verkauft hatte und das Geld auch sofort nach Gütersloh sandte, waren die Scheine in der Zwischenzeit schon so wertlos geworden, daß man für den Zentrifugenerlös nur noch 10 neue Zentrifugenkisten für die Verpackung der Maschinen kaufen konnte." Um diesen Wertverlust zu kompensieren, werden Miele Produkte zwischenzeitlich auch gegen Naturalien angeboten. Höhepunkt der Inflation im November 1923: 1 US-Dollar entspricht 4,2 Billionen Mark.

1924

Aufgesattelt

Zum 25-jährigen Firmenjubiläum beschenkt sich Miele selbst mit der Fertigstellung des zweiten Bauabschnitts in Bielefeld. Neben der Herstellung von Milchzentrifugen, Buttermaschinen und -knetern, Wasch- und Wringmaschinen, Wäschemangeln sowie Kasten- und Leiterwagen startet hier nun auch die Fahrradproduktion. Überzeugen kann das Miele Fahrrad mit „Güte" und „Preiswürdigkeit". Ein Rad, das für „den anstrengenden Tagesgebrauch" bestimmt ist. Trotz herausfordernder wirtschaftlicher Zeiten hält Miele an seiner Qualitätsphilosophie fest und mahnt: „Es bricht sich Bahn nur das, was gut. Beim Einkauf musst Du daran denken, vor Billigkeit sei auf der Hut. Es kann Dir niemand etwas schenken." 1927 wird das Angebot an Damen- und Herrenfahrrädern um Touren-, Sport- und Straßenräder erweitert – verschiedene Lenkerformen, Farbausstattungen und Rahmengrößen inklusive.

„Aufpralltest" eines Miele Zweirads, so sagt die Bildbeschriftung. Die Fotografie stammt wohl aus den 1920er-Jahren. Die originelle Prüfmaßnahme wird neben dem „Belastungstest" durchgeführt. Dabei sitzen entweder vier Mann auf einem Rad oder ein Fahrradrahmen wird mit „375 kg Gewicht (= 5 Leute à 75 kg)" erprobt.

Metalltrommel statt Holzbottich

1924

Mit Milchzentrifugen, Buttermaschinen und Holzbottichwaschmaschinen vorwiegend für landwirtschaftliche Betriebe hatte sich Miele bereits einen Namen gemacht. Nun präsentiert das Unternehmen seine erste Waschmaschine mit Metalltrommel. Konzipiert für neue Zielgruppen wie Wäschereien, Hotels, Krankenhäuser und Sanatorien gelten diese Produkte als die ersten Gewerbegeräte, die sich auch in der Konstruktion von den Holzbottichwaschmaschinen unterscheiden.

Befeuert wird die Trommelwaschmaschine direkt mit Gas oder Kohle; den bis dahin üblichen Holzbottich mit Wäschebeweger ersetzt eine waagerecht gelagerte, elektrisch angetriebene Metalltrommel aus Kupfer. Sie fasst mehr Wäsche und das Wasser wird in der Maschine erhitzt, muss also nicht mehr heiß eingefüllt werden. Die Lochung der Trommel gewährleistet eine gründliche Durchströmung der Wäsche während des Wasch- und Spülvorgangs. Die Trommel selbst wird von einem Elektromotor wahlweise mit Dreh-, Wechsel- oder Gleichstrom angetrieben. Schon damals setzt Miele auf Wärmerückgewinnung: Bevor die Abgase durch den Schornstein austreten, erwärmen sie Wasch- und Spülwasser in einem angebauten Warmwasserbehälter.

In der Rückschau gilt dieses Produkt als Geburtsstunde des Geschäftsbereichs Professional mit Wäschereitechnik, gewerblichem Geschirrspülen sowie Medizin- und Labortechnik, der heute für rund 15 Prozent des Umsatzes von Miele steht.

Miele arbeitet stetig an seiner Sichtbarkeit, hier ein Schaufenster in Berlin 1925. Schon zwei Jahre später verkauft das Unternehmen in 20 eigenen Geschäftsstellen, unter anderem in Düsseldorf, Hamburg, Stettin und München.

Präsenz in ganz Deutschland

1925

Ein aufwendig gestaltetes Schaufenster der „Zweigniederlassung Fabriklager Mielewerke Akt.-Ges. Gütersloh und Bielefeld" zieht Kundinnen und Kunden in der Hauptstadt Berlin in seinen Bann.

Ein Schaufenster in die Vergangenheit, auch was die Firmierung des Unternehmens betrifft: 1923 hatte Miele & Cie. die Produktion und den Verkauf auf die hierfür gegründete Mielewerke A.G. übertragen. Im Gegenzug war Miele & Cie., inzwischen eine Kommanditgesellschaft (KG), zur reinen Besitzgesellschaft geworden.

1927

Adieu, Teppichklopfer

Der erste Miele Staubsauger erscheint auf dem Markt: Es handelt sich um ein Kesselmodell mit großem Staubraum und einer robusten Turbine aus eigener Herstellung. Der Staub sammelt sich an der Außenwand des Filters und kann dadurch einfach entfernt werden. Der Behälter des Staubsaugers besteht aus nahtlos gezogenem Stahlblech. Der Motor ist für eine deutliche Geräuschdämmung gummigelagert. Der Drehanschluss, so betont die Werbung, sorgt für eine bequeme Handhabung. Eine breite Palette von Zusatzbürsten, Düsen und Striegeln verwandelt den Staubsauger in ein vielseitiges Allzweckwerkzeug bis hin zur Tierfellpflege. Dem Grundmodell K schließt sich das Modell Melior (lateinisch für „besser“) an. Es folgt der Verkauf von Staubsaugern in kompakter Bauweise, darunter das Modell L. Die auffällige Neuerung: die stromlinienförmige „Torpedoform“ mit einem Gehäusekopf aus Bakelit.

Staubsauger Grundmodell K mit Fahrgestell, 1920er-Jahre

Auf einer Haushaltswarenmesse in Paris in den 1930er-Jahren stehen die Neuheiten von Miele nebeneinander: links die elektrisch angetriebene Geschirrspülmaschine, daneben die Ganzmetallwaschmaschine Nr. 100.

1929

Komfortabel abwaschen

Es ist die erste elektrisch angetriebene Geschirrspülmaschine für den Haushalt – nicht nur für Miele, sondern generell in Europa. „Schnelligkeit, Bruchsicherheit, Sparsamkeit, Gründlichkeit und Hygiene" preist Miele als die Vorteile des neuen maschinellen Spülens. Der Geschirrspüler besteht aus einem Metallbottich, der in einem robusten Gestell aus gezogenen Stahlrohren steht. Im Bottich befinden sich zwei herausnehmbare Drahtkörbe für das Geschirr. Ein elektrisch betriebenes Schaufelrad sprüht das Spülwasser über das schmutzige Geschirr. Wie eine Schiffsschraube wirbelt es das kochend heiß eingefüllte Wasser nach oben. In nur sieben bis acht Minuten ist das Geschirr sauber gespült.

Im Umfeld des New Yorker Börsencrashs („Schwarzer Freitag") erlebt die hochpreisige Maschine jedoch einen schweren Start. Zwar überzeugt sie vereinzelt in kleineren gastronomischen Betrieben, bleibt in den privaten Haushalten jedoch für lange Zeit ein schwer erschwinglicher Luxus. Ihre eigentliche Erfolgsstory soll erst drei Jahrzehnte später beginnen, als Miele mit dem Modell G 10 den ersten eigenen vollautomatischen Geschirrspüler auf den Markt bringt.

1930

Produktblüte trotz Weltwirtschaftskrise

Die Weltwirtschaftskrise treibt die Arbeitslosenzahlen zwischen 1930 und 1932 im Deutschen Reich auf über fünf Millionen. Im Jahr 1931 ordnet die Unternehmensleitung vorübergehend Kurzarbeit in den Werken an. Neue Produkte sollen dazu beitragen, die Fertigung bei Miele zu stabilisieren und die Arbeitsplätze von zu diesem Zeitpunkt etwa 2.000 Mitarbeiterinnen und Mitarbeitern zu sichern.

Im Jahr 1930 führt Miele erstmals bei einer Waschmaschine für den Privathaushalt einen Metallbehälter mit Kupfermantel ein, der den bisherigen Holzbottich ersetzt. Der Behälter schafft die Voraussetzung für den Einbau eines elektrischen Heizkörpers, damit das Waschwasser aufgeheizt werden kann. Zusätzlich verfügt die Maschine über einen praktischen Aluminium-Wringer mit Elektroantrieb.

Dank ihrer nun auch kompakteren Bauweise kann die Waschmaschine Nr. 100 im Badezimmer oder in der Küche untergebracht werden, sodass keine Waschküche mehr notwendig ist. Die Innovation steht für die Entwicklung, mehrere Haushaltshelfer auf kleinem Raum zusammenzubringen.

Fahrräder mit Motor

In den frühen 1930er-Jahren ertönt ein neues Brummen im Werk Bielefeld: Miele beginnt damit, Sachs-Motoren mit 74 cm^3 in verstärkte Fahrradrahmen einzubauen, sodass sie zu Motorfahrrädern werden. Gefertigt wird ab 1930 das Herrenmodell H 2. Es folgen ab 1931 das Modell H 3 und das Damenmodell H 6. Die Zweiräder schaffen eine Leistung von 1,25 PS. Das motorisierte Zweirad „soll all jenen dienen, die an die Benutzung des Fahrrades gewohnt sind, aber auf bequemere und schnellere Art sich fortbewegen möchten", erläutert die Werbung. Als Zielgruppen sieht Miele unter anderem ältere Menschen und Berufsgruppen, die weite Wege zurücklegen, wie zum Beispiel Ärzte, Landwirte oder Förster.

Gegen Mitte der 1930er-Jahre werden die Zweiräder mit einem 98 cm^3-Sachs-Motor ausgestattet. Währenddessen verlässt in Bielefeld im Jahr 1936 das Fahrrad mit der Fabrikationsnummer 500.000 das Werk. 1938 kommt die Miele Saxonette mit einer motorisierten Hinterradnabe und einem Verbrauch von nur ca. 1,6 Litern auf 100 Kilometer dazu.

Motorfahrrad H 3,
Modell von 1931

1931

Vertriebstochter jenseits der Grenzen

Während der Weltwirtschaftskrise reagiert das Unternehmen auf den Nachfragerückgang, indem es seinen Absatzmarkt erweitert und in der Schweiz die erste Vertriebsgesellschaft außerhalb Deutschlands gründet. Zur Niederlassung in Zürich gehört ein Warenlager für eine zügige Lieferung an den Handel. Zusätzlich werden ein Ersatzteillager und ein technischer Service eingerichtet. Nach Gründung der Bundesrepublik Deutschland, also im beginnenden Wirtschaftswunder der 1950er-Jahre, entstehen weitere Vertriebsgesellschaften in den Nachbarländern Niederlande, Belgien und Österreich.

1933

Weniger Zentrifugen, mehr Holz

Als die Produktionszahlen von landwirtschaftlichen Geräten wie Zentrifugen eklatant zurückgehen, kommen aus der Holzabteilung von Miele neue Produkte. Neben Stehleitern in verschiedenen Größen für Haushalte und Handwerksbetriebe sowie Futterdämpfern zur Zubereitung von Viehfutter fertigt Miele ab Anfang der 1930er-Jahre ein weiteres Produkt mithilfe des gut sortierten Holzlagers in Gütersloh: Eisschränke. Ihr Äußeres besteht aus Holz, der Kühlraum ist durch eine Korkschicht zwischen Eternitplatten isoliert. Wann genau der erste Eisschrank die Fertigung verlässt, ist nicht eindeutig überliefert.

Ein elektrischer Kühlschrank hingegen ist für die breite Bevölkerung unerschwinglich und hauptsächlich Geschäften und Gaststätten vorbehalten. Miele bedient verschiedene Marktsegmente mit unterschiedlichen Größenoptionen. Es werden auch Spezialschränke mit Flaschenrosten für Halbliter-Bierflaschen sowie für Weinflaschen angeboten.

Variationen von Kühlschränken, Auszug aus einem Prospekt der 1930er-Jahre

1937

Der erste Generationswechsel

Mitte der 1930er-Jahre bereiten die beiden Gründer Carl Miele sen. und Reinhard Zinkann ihre Nachfolge vor, indem sie die Verantwortung sukzessive an die nächste Generation weitergeben. Die Söhne Carl Miele jun. und Kurt Christian Zinkann werden im September 1937 in den Vorstand der Mielewerke A.G. berufen und einen Monat darauf als persönlich haftende Gesellschafter der Miele & Cie. KG eingetragen. Carl Miele jun. war bereits 1924 als Kommanditist in das Unternehmen eingetreten, Kurt Christian Zinkann ist seit 1926 in der Vertriebsorganisation tätig. Als am 24. Dezember 1938 Carl Miele sen. und am 14. Juli 1939 Reinhard Zinkann sterben, ist die zweite Generation also bereits in leitenden Positionen eingebunden.

Dass auf Seiten der Familie Zinkann nicht der älteste Sohn Dr. Reinhard F. Zinkann die Nachfolge seines Vaters antritt, sondern sein jüngerer Bruder Kurt Christian, ist der politischen Situation geschuldet: Mit einer konvertierten Jüdin verheiratet, emigriert der Gründersohn mit seiner Ehefrau Dr. Lisa Zinkann und den beiden Kindern 1938 zunächst in die Niederlande und später in die USA. Als weitere Gründersöhne und Mitglieder der Geschäftsleitung sind ab Mitte der 1930er-Jahre Heinrich Miele und Erich Zinkann im Unternehmen tätig.

Carl Miele jun. (1897–1986)

Kurt Christian Zinkann (1904–1985)

Gastbeitrag

Miele im Nationalsozialismus – eine Spurensuche

Dr. Andrea H. Schneider-Braunberger

Nach der Machtübernahme Adolf Hitlers im Jahr 1933 mussten auch Unternehmen dem NS-Regime gegenüber zu einem Umgang finden. Dabei wurden die Handlungsspielräume im Laufe der Jahre zunehmend enger – insbesondere für Industriebetriebe, die auch für die Produktion von Rüstungsgütern infrage kamen. Wie war das bei Miele?

Als Miele im Jahr 2020 mit dem Hinweis an mich herantrat, dass die Eigentümerfamilien Miele und Zinkann die Rolle des Unternehmens im Nationalsozialismus wissenschaftlich aufarbeiten lassen möchten, war die Ausgangslage für ein produzierendes Familienunternehmen mit entsprechend langer Tradition nicht untypisch: Im Unternehmen selbst war bekannt, dass Miele in die Rüstungswirtschaft involviert gewesen war. Dabei war die Produktion von Munitionskisten, Feldbetten und Granathülsen mündlich überliefert; außerdem seien Lufttorpedos produziert worden, die aufgrund eines Materialfehlers jedoch nicht einsatzfähig gewesen seien. Auch der grundsätzliche Einsatz von Zwangsarbeiterinnen und Zwangsarbeitern war bekannt.

Über Carl Miele jun. und Kurt Christian Zinkann wusste man in den Familien, dass beide zwar in die Nationalsozialistische Deutsche Arbeiterpartei (NSDAP) eingetreten waren. Eine ideologische Nähe zu den Nationalsozialisten schien aber wenig wahrscheinlich, was sich im Ergebnis der Studie auch bestätigt hat. Tatsächlich hätten sie dem Nationalsozialismus, wie auch ihre Väter, mit innerer Ablehnung gegenübergestanden. Gleiches galt bezüglich der jüngeren Gründersöhne in der Geschäftsleitung, Heinrich Miele und Erich Zinkann.

Dass Miele dennoch auch für die Wehrmacht produziert habe, sei zunächst der wirtschaftlichen Sicherung des Unternehmens geschuldet gewesen, in einer Zeit, als Rohstoffe sowie Arbeitskräfte für zivile Produkte immer knapper wurden. Zudem war es um die Sicherheit der Familie von Dr. Reinhard F. Zinkann gegangen, ältester Sohn und in den 1930er-Jahren der designierte Nachfolger auf Zinkann-Seite.

Als Ehemann der konvertierten Jüdin Dr. Lisa Zinkann mit zwei gemeinsamen Kindern in das Blickfeld der Nationalsozialisten gerückt, verzichtete er auf die ihm zugedachte Rolle im Unternehmen und siedelte stattdessen mit der Familie in die Niederlande über. Jedoch gelang es auch dort nur mit knapper Not, der lebensbedrohlichen Verfolgung durch die Nationalsozialisten zu entkommen. Nach Kriegsende wanderte Dr. Reinhard F. Zinkann mit seiner Familie in die USA aus.

Fahrradproduktion bei Miele & Cie. in Bielefeld, undatiert

Gegenstand der Untersuchung

Bis 2020 lag eine umfassende wissenschaftliche Aufarbeitung der Unternehmensgeschichte für die Zeit des Nationalsozialismus nicht vor, was den Familien und der Geschäftsleitung den eigenen Ansprüchen nicht angemessen und nicht zeitgemäß erschien. Daher wurde bei der Gesellschaft für Unternehmensgeschichte (GUG) eine hierauf gerichtete historische Studie in Auftrag gegeben und nach umfassenden Recherchen 2023 abgeschlossen.

Der Untersuchungsauftrag war demgemäß weit gefasst; angefangen bei Art und Umfang der Rüstungsproduktion einschließlich der damit einhergehenden Zwangsarbeit: Welche militärischen Güter hatte Miele konkret hergestellt? Wie genau ging die Zuweisung von Zwangsarbeiterinnen und Zwangsarbeitern vonstatten; unter welchen Umständen haben diese bei Miele gelebt und gearbeitet? Wie stand es um die innere Haltung der geschäftsführenden Gründersöhne? Auch sollte die wissenschaftliche Auswertung der Akten die Frage beantworten, ob es bei Miele „Arisierungen" gegeben habe, also Übernahmen von Vermögenswerten aus jüdischem Eigentum, und, falls ja, zu welchen Bedingungen.

Zwei Immobilienkäufe aus jüdischer Hand

Die Frage nach „Arisierungen" ließ sich schnell klären, da Miele eine umfassende Dokumentation der Immobilien, insbesondere der Geschäftshäuser, verwahrt. Darin fanden sich Hinweise auf zwei Vorgänge, bei denen Miele je ein Geschäftshaus von jüdischen Eigentümern erwarb – eines im sächsischen Görlitz und das andere in Breslau (heute Wrocław). Mittels der überlieferten Briefwechsel zwischen dem Leiter der Geschäftsstelle sowie den beauftragten Maklern und Anwälten konnte der Ablauf der Käufe 1938/39 minutiös rekonstruiert werden. Durch einen später entstehenden Konflikt mit den Behörden bezüglich der sogenannten Arisierungsgewinnabgabe lassen sich auch die Bewertungen der Immobilien nachvollziehen. Die endgültige Abwicklung (Restitution) ist ebenfalls rekonstruiert.

Im Ergebnis bleibt festzuhalten, dass Miele die beiden Objekte etwas unter Verkehrswert erworben hatte. Die Verhandlung und Abwicklung liefen jeweils über einen Makler ohne direkten Kontakt zu den Voreigentümern. Miele hatte auch weder daran mitgewirkt, die jüdischen Eigentümer zum Verkauf zu bewegen, noch Gauleitung oder andere Nationalsozialisten bemüht, in dieser Richtung aktiv zu werden. Jedoch bleibt die Tatsache, dass die damals aktiv handelnden Inhaber Carl Miele jun. und Kurt Christian Zinkann die Situation der jüdischen Verkäufer zu ihrem Vorteil nutzten.

Insbesondere wegen der an anderer Stelle vielfach bestätigten Unterstützung jüdischer Geschäftspartner und Freunde sowie mit Blick auf das eigene Familienmitglied Dr. Lisa Zinkann kann dies zunächst verwundern; jedoch lässt sich dieser Widerspruch dadurch auflösen, dass sich die genannten Personen in diesen beiden Fällen nicht anders verhielten als in anderen: geschäftstüchtig verhandelnd, aber keineswegs antisemitisch. Beide Immobilienkäufe ergaben sich eher zufällig; auch sonst hatte Miele in keiner Weise planmäßig nach Gelegenheiten gesucht, von der Vertreibung der Juden aus dem deutschen Wirtschaftsleben zu profitieren.

Der Weg in die Rüstungsproduktion

Erste Hinweise auf die Fertigung im Rahmen der Kriegswirtschaft lieferten Unterlagen im Archiv der Steuerabteilung von Miele. Aus diesen ergibt sich, dass bereits 1936 erste Produkte an die Wehrmacht geliefert wurden. Dies waren aber vermutlich noch keine Rüstungsgüter, sondern eher Produkte wie Holzbaracken oder Holzschemel, die ohnedies von Miele gefertigt wurden.

Ein Jahr später, also 1937, baute Miele in Bielefeld eine Produktionsanlage für Artilleriezünder auf. Befähigt war Miele hierzu, da man in Bielefeld Motorfahrräder fertigte, deren Motoren auch Zünder umfassten. In diesem Kontext beantragten Carl Miele jun. und Kurt Christian Zinkann ihre Aufnahme in die NSDAP. Um Rüstungsgüter produzieren zu können, war dieser Schritt notwendig, wollte man Fragen zur politischen Orientierung gar nicht erst aufkommen lassen. Parteiämter hatten sie keine inne und ließen auch sonst keine ideologische Nähe zum NS-Staat erkennen. Warum aber hatte Miele diese Produktion aufgebaut?

Wirtschaftlich stand das Unternehmen Mitte der 1930er-Jahre gut da. Allerdings war auch Miele zunehmend von der allgemeinen Rohstoffverknappung betroffen. Dies ging bereits so weit, dass keine Werbung mehr geschaltet wurde, weil nicht mehr hinreichend Produktionsmaterial für die Deckung der Nachfrage verfügbar

Direkte Verladung am Bahngleis auf dem Miele Werksgelände in Gütersloh, 1930er-Jahre

war. Zudem ging die Fahrradproduktion der Konkurrenz in Bielefeld bereits spürbar zurück, sodass Miele befürchten musste, bald ebenfalls von dieser Entwicklung betroffen zu sein. In dieser Situation konnte der Aufbau einer Fertigungslinie für Artilleriezünder in einem nunmehr offen aufrüstenden Deutschland ein Weg sein, die sich abzeichnende Lücke zu kompensieren. Dies geschah noch vollends ohne Zwang seitens des NS-Regimes oder der Wehrmacht.

Miele als Teil der Kriegswirtschaft

In den darauffolgenden Jahren 1938 und 1939 stellte Miele zwei weitere Arten von Rüstungsgütern her, über die sich Genaueres nicht in Erfahrung bringen ließ. Bedeutsamer aber war, dass in jenen Jahren auch die Mobilmachungspläne aufgestellt wurden, die festlegten, welches Unternehmen im Kriegsfall welche Produkte herstellen konnte – und sollte. Ob Miele selbst einzelne Produkte vorschlug oder diese zugeteilt bekam, ließ sich nicht rekonstruieren. Gar nicht auf der Liste für die Mobilmachung zu stehen, war aber keine Option mehr. Denn mit Kriegsausbruch wurden die Zuteilungen der knappen Ressourcen – Material und Beschäftigte – endgültig streng beschränkt auf Produkte des Kriegsbedarfs. Dies waren in erster Linie Waffen und Munition, militärische Fahrzeuge, Flugzeuge und Schiffe, aber daneben auch Produkte für die Grundversorgung der Bevölkerung sowie der Soldaten.

War der eigentliche Einstieg in die Rüstungsgüterproduktion, also der Start der Zünderproduktion 1937, noch freiwillig erfolgt, so verengte sich der Handlungsspielraum, je stärker Miele in die Kriegswirtschaft eingebunden war. Auch wurden sogenannte Abnahmestellen von Heer, Marine und Luftwaffe auf dem Gelände errichtet. Denn Miele produzierte für alle drei Bereiche der Wehrmacht: diverse Granaten und Minen (etwa Teller- und Springminen), Streubomben und Sperrwaffen wie U-Boot-Minen sowie die besagten Lufttorpedos. 50 unterschiedliche Produkte und Munitionsarten waren es in Bielefeld und Gütersloh insgesamt. So entfielen in den späteren Kriegsjahren bis zu 95 Prozent der Umsätze von Miele auf Rüstungsgüter. Dabei stellte Miele bei verschiedenen Munitionsarten zu bestimmten Zeitpunkten bis zu 15 Prozent der reichsweiten Fertigung her. Dies ist für ein mittelständisches Familienunternehmen eine beachtliche Größenordnung.

1941: Beginn der Zwangsarbeit

Für die Zeit des Nationalsozialismus war bei Miele die Geschichte der Zwangsarbeiterinnen und Zwangsarbeiter bislang am besten untersucht. Hier haben zwei Studien über Unternehmen im Raum Bielefeld und Gütersloh, wo Miele seine zwei Werke betrieb, bereits die öffentlich zugänglichen Unterlagen ausgewertet und die Geschichte beschrieben, vor allem mit Blick auf Einzelschicksale. Aus diesen Erzählungen lässt sich viel erfahren aus der Perspektive der Zwangsarbeiter, über deren Unterbringung, Lebensumstände und Gefühle. Aber auch in den Aufzeichnungen des Rüstungskommandos finden sich Hinweise auf die Zwangsarbeiterinnen, Zwangsarbeiter und Kriegsgefangenen, die in Kombination mit den Hinweisen, die sich bei Miele finden, ein aussagekräftiges Gesamtbild ergeben.

Mit Blick auf das gesamte verfügbare Material zeigt sich, dass 1941 zunächst Kriegsgefangene bei Miele in Gütersloh eintrafen. Nur wenig später kamen aus der Sowjetunion die ersten Zwangsarbeiterinnen an. Dies waren überwiegend junge Ukrainerinnen. Binnen weniger Wochen waren mehr als 100 Frauen vor Ort. In den späteren Kriegsjahren arbeiteten in Gütersloh bis zu 567 Kriegsgefangene, Zwangsarbeiterinnen und Zwangsarbeiter gleichzeitig; insgesamt waren 875 Menschen zur Zwangsarbeit bei Miele in Gütersloh eingesetzt. In Bielefeld waren bis zu 368 Zwangsarbeiterinnen und Zwangsarbeiter gleichzeitig zur Arbeit gezwungen; insgesamt waren es hier über die Zeit 427 Menschen. Auf die gesamte Belegschaft beider Standorte bezogen, bedeutet dies einen Anteil von fast 40 Prozent. Mit Blick auf andere Familienunternehmen ist das eine hohe Quote, im Vergleich zu anderen Produzenten von Rüstungsgütern aber eher unterdurchschnittlich. Außerdem ist festzuhalten, dass bei Miele, anders als dies bei einer Reihe von Unternehmen der Rüstungsindustrie aktenkundig ist, keine KZ-Häftlinge eingesetzt wurden.

Menschenunwürdige Bedingungen

Bewacht und versorgt von Miele selbst, statt von der SS, waren hier die Arbeits- und Lebensumstände der Menschen im Vergleich zu vielen anderen Unternehmen geringfügig erleichtert. Außerdem lässt sich zeigen, dass die Inhaber einzelne Zwangsarbeiter allein dadurch vor Schlimmerem bewahrten, dass sie diese bei der Zuteilung ausgewählt und mit zu Miele genommen hatten. Darüber hinaus ist dokumentiert, dass sie Essensrationen aufbesserten, und durch Einbau von Heizung und sanitären Anlagen die Umstände der Unterbringung zumindest ein wenig erträglicher machten. An der insgesamt menschenunwürdigen Gesamtsituation der betroffenen und ihrer Freiheit beraubten Menschen änderte dies freilich nichts.

Während ihrer Zeit bei Miele starben insgesamt 14 der zur Arbeit gezwungenen Menschen an Atemwegserkrankungen. Bei Arbeitsunfällen oder gar durch Misshandlung verstarb kein Kriegsgefangener oder Zwangsarbeiter und keine

Zwangsarbeiterin; auch wurde niemand, wie andernorts geschehen, ermordet. Für Miele sind daher im Vergleich zu anderen Unternehmen die Umstände der Zwangsarbeit – mit aller gebotenen Vorsicht – als etwas erträglicher einzustufen. Dies gilt auch im Hinblick auf die prozentuale Sterberate, die unter dem Reichsdurchschnitt lag.

Kaum auflösbare Widersprüche
Die Befunde zur Rolle von Miele im Nationalsozialismus sind denkbar widersprüchlich. Es gab viele Belege für den Versuch, sich im Rahmen des Möglichen „anständig" zu verhalten, zum Beispiel, indem man sich, wie beschrieben, um „erträglichere" Umstände für die Zwangsarbeiterinnen und Zwangsarbeiter wie Kriegsgefangene bemühte oder jüdische Geschäftspartner lange weiter unterstützte. In den Entnazifizierungsakten wird ersichtlich, dass Carl Miele jun. die Ablehnung der Ideologie der Nationalsozialisten ab 1941 auch in einer finanziellen Unterstützung von Gegnern des Regimes zum Ausdruck brachte. Kurt Christian Zinkann wiederum verkehrte mit widerständigen Kreisen, die ihn auch in Kontakt mit Schlüsselfiguren wie den sozialdemokratischen Politikern Wilhelm Leuschner und Carlo Mierendorff brachten. Auf der anderen Seite gab es die Produktion von Rüstungsgütern – in diesem Umfang nur möglich durch den Einsatz von Zwangsarbeit – und die damit verbundene enge Kooperation mit der Wehrmacht. Die Fertigung einer Reihe von Munitionsarten, die für die Kriegsführung von so großer Bedeutung war, will nicht recht zu der antinazistischen Haltung der Inhaber passen.

Sogenannte Ego-Dokumente wie Briefe oder Memoiren der persönlich haftenden Gesellschafter Carl Miele jun. und Kurt Christian Zinkann, die deren Haltung zu diesen Widersprüchen ausdrückten, gibt es nicht. In Anbetracht ihres ansonsten belegten Verhaltens sowie der Ausführungen in den Memoiren von Dr. Reinhard F. Zinkann kann man sich jedoch kaum vorstellen, dass die Gesamtlage sie nicht stark belastet hat.

Warum also sind sie aus dieser Situation nicht ausgebrochen? Diese Frage lässt sich auch in der Rückschau nicht mit letzter Eindeutigkeit beantworten.

Tatsache ist: Nachdem Miele zunächst von sich aus den Weg in die Rüstungsproduktion beschritten hatte, war das Unternehmen für die Wehrmacht als Lieferant immer wichtiger geworden. Daraus entstanden Bevorzugungen bei der Zuteilung von Rohstoffen und Arbeitskräften, die wiederum die Mengen und Arten an produzierter Munition noch weiter anwachsen ließen. So ergaben sich ein Teufelskreis und eine Pfadabhängigkeit, die erst durch einen großflächigen Bombenhagel auf die beiden Werke im März 1945 ihr Ende fanden.

Vom Werk der Mielewerke A.G. in Gütersloh, Carl-Miele-Straße 29, marschiert die Belegschaft am 1. Mai 1934, dem Tag der Arbeit, zum Marktplatz.

Dass die persönlich haftenden Gesellschafter von Miele es mit der Zunahme des Einsatzes von Zwangsarbeitern vorgezogen hätten, die Produktion von Munition einzustellen, ist nicht belegt, aber denkbar. Optionen, aus dem System und der Rüstungsproduktion auszusteigen, hatten die Inhaber 1942 jedoch kaum noch – gerade aufgrund ihrer Relevanz für die Kriegswirtschaft. Sofortige Enteignung wäre mit an Sicherheit grenzender Wahrscheinlichkeit das Mindeste gewesen, Inhaftierung wahrscheinlich und selbst Hinrichtung nicht ausgeschlossen. Für die Produktion selbst hätte dies keine Folgen gehabt. Sie wäre unter direkter NS-Leitung unmittelbar fortgeführt worden.

Umgang mit der eigenen Vergangenheit

Wie aber konnten viele dieser Details in Vergessenheit geraten, einschließlich des Umfangs der Rüstungsproduktion bei Miele und deren Bedeutung für die Kriegswirtschaft im NS-Staat? Passend zum kollektiven Schweigen der Deutschen in der Nachkriegszeit und der jungen Bundesrepublik kann vermutet werden, dass man auch in den Familien Miele und Zinkann die Vergangenheit schnell hinter sich lassen und den Blick nach vorne richten wollte.

Öffentlichen Druck, sich mit der eigenen Vergangenheit zu beschäftigen, gab es nicht. Man wusste in Gütersloh, dass Miele Rüstungsgüter gefertigt hatte; über den Umfang dürften aber schon damals nur wenige informiert gewesen sein. Als in den 1990er-Jahren die Forderungen nach Entschädigung ehemaliger Zwangsarbeiter aufkamen, beteiligte sich auch Miele an dem betreffenden Fonds der deutschen Wirtschaft (Stiftung „Erinnerung, Verantwortung und Zukunft").

Miele ist nicht das erste große Familienunternehmen, das sich seiner Rolle in der Zeit des Nationalsozialismus stellt. Weitere werden folgen, und auch das ist gut und wichtig. Denn nur wer in die Vergangenheit blickt, hat die Chance, für die Zukunft aus ihr zu lernen.

Dr. Andrea H. Schneider-Braunberger ist seit 1996 Geschäftsführerin der Gesellschaft für Unternehmensgeschichte e. V. mit Sitz in Frankfurt (Main).

Die vollständigen Ergebnisse ihrer Untersuchung sind veröffentlicht in dem Buch „Miele im Nationalsozialismus. Ein Familienunternehmen in der Rüstungs- und Kriegswirtschaft", erschienen im Siedler Verlag, München 2023, ISBN 978-3-8275-0188-2.

Neustart mit Feldbetten und Fahrrädern

1945

Beide Werke waren im Krieg erheblich beschädigt worden. Nach der kampflosen Übergabe Güterslohs an die amerikanische Armee am 2. April 1945 erfolgt die Umstellung auf Friedenswirtschaft. Bereits am 29. Mai 1945 erhält Miele von den Besatzungstruppen den Auftrag, 5.000 Feldbetten für Soldaten herzustellen. In der Folgezeit spielt insbesondere die Fahrradproduktion im Bielefelder Werk eine bedeutende Rolle für den Neustart des Unternehmens im zivilen Bereich.

Werk Gütersloh,
Januar 1944

Spritze gegen Kartoffelkäfer

1946

Im Frühjahr 1946 gefährden Kartoffelkäfer die Ernährung der Bevölkerung. Miele baut in Gütersloh fahrbare Spritzen gegen diese Plage. Die Komponenten werden vermutlich am Fließband hergestellt – von den Holzspeichen der Räder bis zur Düse für die Spritzarme. Zwischenzeitlich produziert das Werk in Gütersloh Küchenbuffets für Bergbaugesellschaften. Ein Jahr später liefert es bereits 8.000 Holzbottichwaschmaschinen. Generell füllen sich die Auftragsbücher so schnell, dass es 1948 zu Lieferengpässen kommt. Beide Werke zusammen beschäftigen 1949 rund 2.500 Mitarbeiterinnen und Mitarbeiter – und damit etwa 200 weniger als zu Beginn des Krieges.

Partnerschaft mit den Betriebsräten

1947

Zwischen der Firmenleitung und den Betriebsräten der Werke wird eine Betriebsvereinbarung geschlossen. In deren Präambel heißt es: „Die Vertragschließenden wollen entsprechend der schon bisher geübten Praxis in loyaler Weise alle Streitigkeiten möglichst vermeiden. Sie wollen als gleichberechtigte Partner die Anwendung und Auslegung der Betriebsvereinbarung gegeneinander so handhaben, daß der Betriebsfrieden erhalten, die Produktion gefördert und die gegenseitige Achtung vertieft wird.“ Dass Generationen von Geschäftsleitungen und Betriebsräten diese Absichtserklärung immer wieder mit Leben füllen, zeigen die folgenden Jahrzehnte. Auch Tarifautonomie und Tarifbindung haben bei Miele seit jeher einen hohen Stellenwert: Als 1919 im damaligen Kreis Wiedenbrück der erste

Arbeitgeberverband gegründet wird, zählt Miele zu den Mitgliedern der ersten Stunde. Carl Miele sen. wird in den Vorstand gewählt, und auch diese Tradition hat Bestand. Spätere Vorsitzende des heutigen Unternehmerverbands für den Kreis Gütersloh sind Kurt Christian Zinkann (ab 1951) und Rudolf Miele (ab 1973). Seit 2008 ist Dr. Markus Miele in dieser Funktion.

1949

In die Welt

Auch wenn das spätere Wirtschaftswunder noch nicht in Sicht ist, setzt Miele auf Wachstum – nicht nur in Deutschland, wo binnen zwei Jahren zehn neue Geschäftsstellen hinzukommen, darunter Bremen, Frankfurt (Main) und München. Auch Handelspartner präsentieren Miele Produkte in ständigen Geräteausstellungen. Eigene Vertriebsgesellschaften werden 1953 in den Niederlanden und 1954 in Belgien sowie Österreich eröffnet. Bis 1983 ist der damalige „Westen" Europas komplett, in den 1980er-Jahren kommen Australien, Südafrika und Nordamerika hinzu. Nach dem Fall des „Eisernen Vorhangs" geht es dann auch in Richtung Osteuropa und Asien. Mit einzelnen Firmen hatte es für den Verkauf schon um 1950 „Vertretungsverträge" gegeben, etwa in Uruguay, Island und Indien.

Verladung im Hafen von Istanbul, 1950er-Jahre

Elektro-Waschmaschine Nr. 155/1, produziert zwischen 1937 und 1967

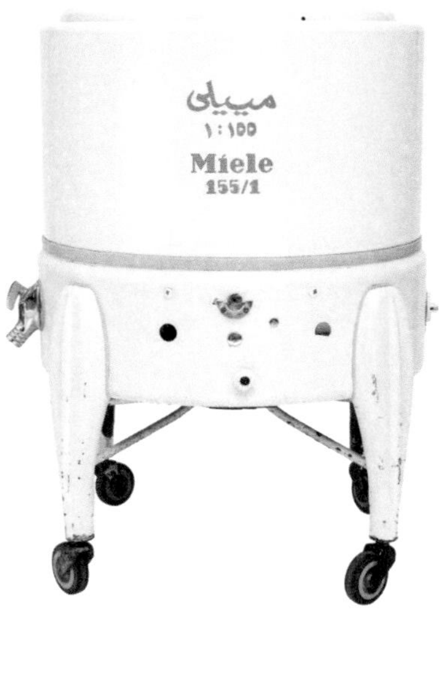

Carl Miele jun. (l.)
und Kurt Christian
Zinkann im Rahmen
des 50. Firmenjubi-
läums, 1949

Die erste **Nachfolge**

Rechnet man die Zeit hinzu, in der auch schon ihre Söhne mit an Bord sind, bringen es Carl Miele jun. und Kurt Christian Zinkann auf sechs Jahrzehnte in verantwortlicher Position im Unternehmen. Geprägt war ihr Wirken zunächst durch die Zeit der NS-Herrschaft und die Aufbaujahre nach dem Zweiten Weltkrieg. Später gestalteten sie die Entwicklung des Unternehmens unter den Vorzeichen des Wirtschaftswunders sowie der zunehmenden Internationalisierung.

Geboren werden beide in Herzebrock. Carl Miele jun. erblickt dort am 22. Februar 1897 das Licht der Welt, Kurt Christian Zinkann am 22. August 1904. Carl Miele jun. unterstützt schon mit 19 Jahren seinen Vater über die Sommermonate im Büro. Im Ersten Weltkrieg wird er zu den Gardepionieren einberufen und ab März 1917 an der Westfront eingesetzt. Anfang 1919 kehrt er in das Unternehmen zurück. Während seiner Lehrzeit sammelt er unterschiedliche Arbeitserfahrungen, sogar in den USA. Technik fasziniert ihn. Im August 1924 beginnt er als Kommanditist bei Miele & Cie. in Gütersloh. Dort gilt er, wie schon sein Vater, als akribischer Tüftler.

Kurt Christian Zinkann ist – anders als Carl Miele jun. – nicht der älteste Sohn. Er wächst in Darmstadt auf, absolviert später ein kaufmännisches Volontariat in Gütersloh. Das Kaufmännische und der Vertrieb bleiben sein Schwerpunkt. Ab 1923/24 besucht er die Handelshochschule in Mannheim, arbeitet danach in Zagreb und Wien. 1926 startet er bei Miele in der Geschäftsstelle in Hannover. 1927 erhält er den Auftrag, eine Niederlassung in Bremen zu gründen, 1933 wird ihm die Verkaufsleitung für Süddeutschland übertragen. So werden Carl Miele jun. und Kurt Christian Zinkann schrittweise auf ihre Rolle als Nachfolger ihrer Väter vorbereitet.

Erst 1985 ziehen sich beide aus dem Unternehmen zurück. Kurt Christian Zinkann stirbt noch im selben Jahr, Carl Miele jun. 1986.

Die Todesanzeige von Miele beschreibt Kurt Christian Zinkann als „vornehme[n] und liebenswürdige[n] Mann mit viel Würde“. Auch sein „ausgeprägte[s] Gefühl für die Bedürfnisse, Erwartungen und Probleme seiner Mitarbeiter“ wird hervorgehoben. Zum Tod von Carl Miele jun. erinnert das Unternehmen an „Beispielhaftes auf dem Gebiet freiwilliger Sozialleistungen“. Die Zeitung „Neue Westfälische“ wird ihn später als „Mann von ostwestfälischer Bescheidenheit“ beschreiben. In seinem Büro hängt bis heute dieser Spruch an der Wand: „Friede ernährt, Unfriede verzehrt“.

Generationen

Verantwortung übernehmen, aufeinander aufbauen, vor allem aber in Generationen denken. **Bewahren heißt verändern.** Transformation war und ist immer.

Eine
Familiengeschichte

Standorte, die seit Jahrzehnten bestehen, erzählen nicht nur Werks- oder Unternehmensgeschichten. Bei Miele verfangen sich über Generationen hinweg auch Familiengeschichten zwischen Bürogebäuden und Produktionshallen. Eine dieser Familien geht für Miele auf eine sehr persönliche Werkstour. Vier Generationen und ein Arbeitgeber zwischen Wandel und Beständigkeit.

Die Kollegen bei Miele staunen anfangs: Das Rad des Sohnemanns sieht viel schicker aus als das von Franz Linnemann sen. Auf sein erstes Miele Fahrrad hatte Franz Linnemann jun. auch lange gespart. Der erst 13-jährige Lehrling pflegt es sorgsam und fährt damit ab 1943 an jedem Arbeitstag in das Gütersloher Werk – bis er sich später ein Auto leisten kann. Schwiegersohn Gerhard Kanowski entscheidet sich Ende der 1980er-Jahre bewusst gegen PS und für Pedale. Den Weg in die Carl-Miele-Straße legt er von nun an per Drahtesel zurück. Auch seine Frau Berna, geborene Linnemann, nutzt ihr Werksfahrrad gerne, um damit vom Oberflächenlabor schnell in andere Ecken des Unternehmens zu gelangen. Über ihre eigene Fahrradbegeisterung denkt Mareike Peitz noch nach, während sie auf einem historischen Miele Fahrrad mit ihren Eltern durch Tor 3 auf das Werksgelände fährt. Hier kamen ihr Urgroßvater und Großvater jeden Tag bei Miele an. Heute geht es vorbei an der einstigen Bauschlosserei, hin zum Center for Materials. Auf den Spuren der eigenen Familiengeschichte – zwischen betagten Klinkerbauten und hochgewachsenen Verwaltungsgebäuden.

Probefahren

Runter vom Rad, rein in den Fahrstuhl und rauf in den dritten Stock. Gerhard Kanowski ist kaum dem Aufzug entstiegen, schon wird er von seinen ehemaligen Kollegen in Beschlag genommen. Händeschütteln, Schulterklopfen und auch Umarmungen. Beinahe so, als wäre er nie weg gewesen. Als hätte er nicht im Dezember 2012 mit seiner passiven Altersteilzeit seinen Ruhestand eingeläutet. „Die Kollegen haben mich damals scherzhaft in einer Piaggio Ape nach draußen befördert und in die Rente verabschiedet", sagt der Chemieingenieur lachend. 1978 fing er bei Miele im Oberflächenlabor, heute Center for Materials, an und widmete sich dort der Prüfung und Entwicklung von Oberflächenschutzverfahren, zum Beispiel der Korrosionsbeständigkeit unterschiedlicher Edelstahlsorten. Beworben habe er sich damals nicht, sondern eine Zeitungsannonce aufgegeben, auf die sich Miele meldete. Ob das damals gang und gäbe war? „Ich glaube nicht, aber ich habe das einfach so gemacht." Den Weg zum Vorstellungsgespräch sei er vorab Probe gefahren. „Ich kannte Gütersloh nicht, und ich wollte auf keinen Fall zu spät

Diese Liebe rostet nicht: Berna Linnemann und Gerhard Kanowski lernen sich im Oberflächenlabor von Miele kennen.

kommen." Sein Einstand ist der Beginn vieler tiefer Kollegenfreundschaften. Was der in Bochum aufgewachsene Gerhard Kanowski nicht ahnt: Miele wird sein Leben auch in anderer Hinsicht grundlegend verändern.

47 Jahre im Sattel

Während er erst mal in Gütersloh Fuß fassen muss, ist Berna Linnemann schon ihr ganzes Leben hier. Sie beginnt 1981 ihre Ausbildung zur Industriekauffrau bei Miele. Das Unternehmen kennt sie damals bestens. Ihr Vater, Franz Linnemann jun., der vom Miele Fahrrad so begeistert war, ist seit 1943 in der Bauschlosserei tätig – dort, wo heute die Think Factory viel Freiraum für gute Ideen schafft. Er beginnt seine Ausbildung mitten im Zweiten Weltkrieg, erlebt also den Beschuss des Standorts durch die Alliierten mit. Vom Schrauber arbeitet er sich nach dem Krieg zum Vorarbeiter und weiter bis zum Werkmeister hoch, ist verantwortlich für die Förderanlagen im Presswerk, für Aufzüge und Transportanlagen. „Die Wartung war sein Metier. Er musste dafür sorgen, dass das alles lief", erinnert sich seine Tochter Berna. An Tor 3 zeigt er 47 Jahre lang jeden Tag seinen Werksausweis vor. Man kennt sich, aber Ordnung muss sein. Für Franz Linnemann jun. gibt es immer nur Miele – das liegt nicht zuletzt an den Kolleginnen und Kollegen. Den grauen Kittel, seine Arbeitskleidung, trägt er bis zum Schluss mit Stolz. Die Kantine sieht ihn nie. Er isst lieber mit den Kollegen am Schreibtisch – Gewärmtes aus dem Henkelmann.

Bis zu Franz Linnemanns Ruhestand 1990 arbeitet Berna mit ihrem Vater am gleichen Standort, wenn auch in ganz anderen Winkeln des Betriebs. Nach ihrer Ausbildung ist sie als Abteilungssekretärin im Oberflächenlabor beschäftigt und verliebt sich dort in einen Mann im weißen Kittel. Der Rest ist Geschichte. „Ich kann nicht glauben, dass damals keiner gemerkt hat, dass ihr ein Paar seid", wundert sich Mareike Peitz heute. Doch Mutter Berna und Vater Gerhard beteuern: Auch der Chef sei aus allen Wolken gefallen, als sie ihre Verlobung verkündeten. „In unserer Abteilung herrschte eine gute Stimmung, wir hatten alle einen guten

„Am liebsten hätte ich den Kittel gleich wieder angezogen“: Gerhard Kanowski mit Frau und Tochter an seinem ehemaligen Arbeitsplatz.

Kontakt zueinander, so fiel das nicht auf. Auch privat haben wir alle viel zusammen gemacht“, erzählt Berna Kanowski.

Das Rad weiterdrehen

Mareike Peitz tritt zunächst in die Fußstapfen ihrer Mutter, beginnt nach dem Abitur 2010 ebenfalls eine Ausbildung zur Industriekauffrau. Den Familienstab bei Miele hochhalten, das ist im ersten Moment allerdings so gar nicht ihre Motivation. Tatsächlich hinterfragt sie anfangs gerade wegen der familiären Verbindung einen Berufsstart in Gütersloh. „Ich hatte Sorge, dass es heißt: Ist ja klar, dass sie hier anfängt, die Eltern waren ja auch hier.“ Mareike Peitz ist es wichtig, etwas Eigenes aufzubauen. Das tut sie, und sie tut es dann doch bei Miele, da sich hier auch die Option auf ein duales Studium auftut. Heute ist sie Product Category Managerin der Business Unit Cooking und froh über ihren damaligen Entschluss. Auch für sie ist Miele Teil ihrer eigenen Familiengeschichte. Vor allem die Zeit ihres Urgroßvaters Franz Linnemann sen. macht sie neugierig. Was hat ihn damals bewegt? Wie hat er gearbeitet? 1897 geboren, dient Franz Linnemann sen. als Soldat im Ersten Weltkrieg – und überlebt. 1918 beginnt er bei Miele. „Arbeiter“ steht auf einem Werksausweis, den die Familie über die Jahrzehnte aufbewahrt. Er erlebt unsichere Jahre bei Miele mit, muss in Zeiten der Weltwirtschaftskrise um 1930 in Kurzarbeit. In jener Zeit kommt sein ältester Sohn Franz zur Welt, und die junge Familie baut ein Haus. Auch andere Einschnitte erlebt Franz Linnemann sen. mit. Als Carl Miele sen. an Heiligabend 1938 verstirbt, erhält er ein Porträt des Miele Gründers. Es ist bis heute im Besitz der Familie.

Erinnerungen auf dem Gepäckträger

„Ihr Opa hätte sich gefreut, dass Mareike bei Miele gelandet ist. Er hat es leider nicht mehr miterlebt“, sagt Berna Kanowski. Was bleibt, sind Erinnerungen und von Fahrrad zu Fahrrad herzlich erzählte Anekdoten, wie jene, als Opa Franz an einem Sonntagabend zum ersten Mal höchst irritiert das neue Telefon klingeln hörte. Als Werkmeister musste er schließlich schnell informiert werden, wenn etwas im Werk nicht ordnungsgemäß verlief.

Den alten Werksausweis ihres Opas Franz Linnemann sen. hat Berna Kanowski aufgehoben.

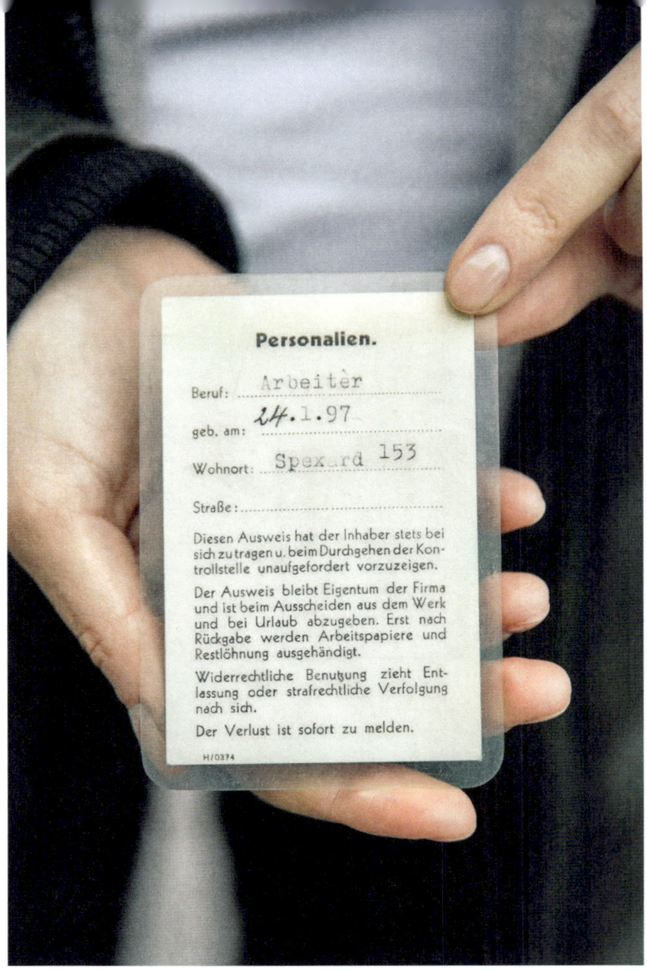

Als Arbeiter startet Franz Linnemann sen. (u.r.) 1918 bei Miele. Franz Linnemann jun. (2.v.l.) beginnt dort 1943 seine Lehre.

→ Radeln auf den Spuren der Vorfahren: Berna und Gerhard Kanowski und Tochter Mareike Peitz passieren wie einst Opa Franz Linnemann jun. Werkstor 3.

„Es hat sich wieder so viel getan, seit ich das letzte Mal hier war", erzählt Gerhard Kanowski auf dem Weg zurück Richtung Besucherzentrum. Der Wandel hat sich unbestritten in das Werksgelände mit neuen Gebäuden und Arbeitsumgebungen eingeschrieben. Wo Urgroßvater Franz einst Holzbottiche für Waschmaschinen fertigte, sitzt nun Urenkelin Mareike in einem modernen Büro hinter Glas, arbeitet am PC und ist täglich im Kontakt mit der ganzen Welt. Auch sonst hat sich viel getan: „Die Märkte und die Anforderungen unserer Kundinnen und Kunden verändern sich rasant. Damit umzugehen, ist richtig spannend und macht auch viel Spaß."

Die Zeit überdauert haben derweil ein paar Gegenstände, Souvenirs aus Jahrzehnten der Familiengeschichte. Die Uhr zu Ehren seines 25. Betriebsjubiläums verwahrt Gerhard Kanowski bis heute in ihrer Originalverpackung. „Mein Vater hat die goldene Uhr zu seinem 40. Jubiläum dagegen jeden Tag getragen", erzählt Berna Kanowski. Bei Miele sind diese langen Betriebszugehörigkeiten keine Seltenheit. Im 125. Jubiläumsjahr feiern über 500 Mieleanerinnen und Mieleaner weltweit ihr 20-, 25-, sogar 40- und 50-jähriges Betriebsjubiläum. Viele von ihnen geben die eigene Begeisterung weiter an Kinder und Enkel.

Warum es in ihrer Familie offenbar für keine Generation je etwas anderes als Miele gegeben hat? Mareike Peitz mutmaßt: „Ich glaube, dass es für meinen Opa, vielleicht auch meinen Urgroßvater ähnliche Themen waren wie für mich heute: die Kolleginnen und Kollegen, und dass man stolz auf die Marke ist und hinter den Produkten steht."

Gerhard Kanowski radelt an diesem Tag mit neuen Miele Eindrücken zurück in den Ruhestand – auf dem Gepäckträger einige Verabredungen mit guten alten Kollegen. „Am liebsten hätte ich den Kittel angezogen und wieder ein bisschen mitgemacht."

PRODUKT
Miele Buttermaschine
Modell C

BAUZEIT
ca. 1901–1956

Metamorphosen

Milchzentrifugen stellt Miele seit vielen Jahrzehnten nicht mehr her. Fahrräder oder Mopeds der Marke sind heute begehrte Sammlerstücke. Das vermutlich letzte auffindbare Auto aus Gütersloh parkt, vor Wind und Wetter geschützt, im Miele Museum. Auch Zentrierständer, Buttermaschinen und Einbauküchen sind definitiv von gestern und Ausdruck eines Portfolios in Bewegung, eines kontinuierlichen Verabschiedungs- und Erneuerungsprozesses. Eine Ode an verblichene Produkthelden.

PRODUKT
Miele Milchzentrifuge
Juwel

BAUZEIT
ca. 1908–1937

PRODUKT
Miele Export
Melkeimer

BAUZEIT
ca. 1962–1987

PRODUKT
Miele Auto
Tourenwagen
Type K 1

BAUZEIT
1912–1914

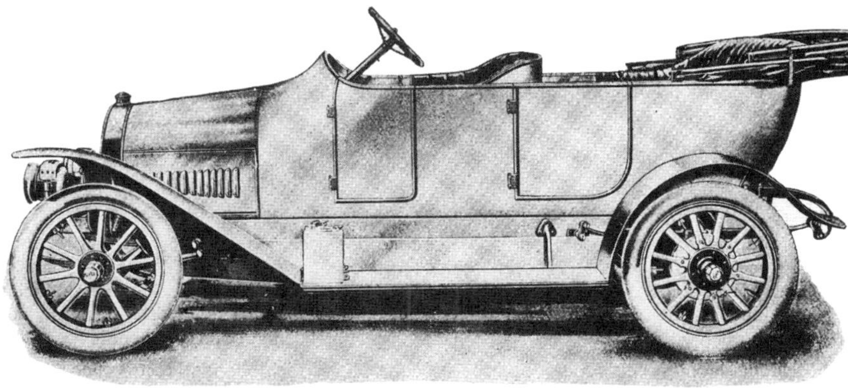

PRODUKT
Miele Felgen-
spannmaschine
für Fahrräder

BAUZEIT
ca. 1924–1960

PRODUKT
Miele Damenfahrrad
Criginal Klasse 12

BAUZEIT
ca. 1934–1961

PRODUKT
Miele Sport-Touren-Fahrrad
Klasse 28

BAUZEIT
ca. 1949–1960

PRODUKT
Miele Motorrad
Modell 150

BAUZEIT
ca. 1953–1955

Miele
Miele

PRODUKT
Miele Moped-Roller
Modell K 51

BAUZEIT
ca. 1957–1958

PRODUKT
Miele Komplettküche
studio-m

BAUZEIT
ca. 1969–Anfang 1980er-Jahre

Miele
Miele
DE LUXE

Die **vierte** Generation

Ihre Unterschiede begreifen Dr. Markus Miele und Dr. Reinhard Zinkann vor allem als Stärke. Aus ihnen machen die Urenkel der Unternehmensgründer deshalb keinen Hehl. Transformation gelinge ohnehin am besten, wenn man sie aus mehreren Perspektiven gestalte. Ein Gespräch über Tradition, Vertrauen und den Mut, sich weiterzuentwickeln.

Seit mehr als 20 Jahren vertreten Sie die beiden Inhaberfamilien in der operativen Geschäftsleitung der Miele Gruppe. War Ihnen immer klar, dass Sie diesen Weg einschlagen würden?

MARKUS MIELE Nein, das hat sich mit der Zeit so ergeben. Generationswechsel sind herausfordernd, und in den Familien ist Konsens, dass Nachfolgerinnen oder Nachfolger zum Beispiel ein, wie wir sagen, verwendungsnahes Studium mitbringen sollten. Mein Vater hatte mir aber immer nahegelegt, ich solle etwas studieren, das mir Freude bereitet. Ich habe mich für Wirtschaftsingenieurwesen entschieden. Auf dieser Grundlage hatte die Familie mich dann im Vorfeld unseres 100-jährigen Jubiläums im Jahr 1999 gefragt – und ich habe angenommen. Zu der Zeit arbeitete ich im Controlling beim Autozulieferer Hella in Lippstadt, also bei einem weiteren familiengeführten Global Player unserer Region.

REINHARD ZINKANN Auch für mich war das zunächst alles andere als klar. Zwar spielte das Unternehmen bei uns zu Hause immer eine zentrale Rolle. Als es dann um die Wahl des Studienfachs ging, haben meine Eltern mir alle Freiheiten gelassen. Nach dem Motto: Du kannst nur erfolgreich werden, wenn du mit dem glücklich bist, was du machst. Also studierte ich zunächst Geschichte, Musikwissenschaften und Philosophie – also nicht gerade verwendungsnah – und ebenso Volkswirtschaft. Meinen Abschluss machte ich dann aber in Betriebswirtschaft. Im Laufe meines Studiums wurde mir mehr und mehr klar, dass ich gerne mit Menschen arbeiten wollte, und so interessierten mich die Herausforderungen des Unternehmertums. Mein Berufsstart war für mehrere Jahre im Vertrieb bei BMW. Mit 33 kehrte ich zurück nach Gütersloh, das ich im Alter von neun Jahren verlassen hatte, um in Salem zur Schule zu gehen – und bin heute noch froh, dass ich mich so entschieden habe.

Die Mieles und die Zinkanns sind seit 1899 geschäftlich miteinander verbunden. Wie gelingt es, Ihr Zwei-Familien-Unternehmen anscheinend ohne grundlegende Konflikte auf Kurs zu halten?

ZINKANN Die Bedeutung unserer Partnerschaft war schon unseren Urgroßvätern bewusst, und ihnen war klar, dass sie nur miteinander erfolgreich sein konnten, nicht gegeneinander. Deshalb haben sie zum Beispiel festgeschrieben, dass in der Gesellschafterversammlung keine Familie die andere überstimmen kann.

MIELE Auch unser Gesellschafterausschuss, der bei Miele Familienrat heißt, ist paritätisch besetzt. Außerdem gibt es zu einer Reihe von Themen, die in Familienunternehmen immer wieder zu Konflikten führen können, klare Vereinbarungen. Dies gilt etwa für die Festlegung, welcher Teil des Gewinns in der Firma verbleibt.

Wie leben Sie beide Ihre gemeinsame Verantwortung?

ZINKANN Wir wollen beide das Beste für unser Unternehmen, und wir ergänzen uns auch gut, gerade weil wir von unserer Ausbildung und vom Typ her unterschiedlich sind.

MIELE Damit betrachten wir Projekte aus unterschiedlichen Perspektiven, wobei wir beide ja nicht allein entscheiden, sondern zu sechst.

Womit wir bei dem besonderen Führungsmodell Ihres Unternehmens wären, mit zwei Familienvertretern und drei familienunabhängigen Geschäftsführern sowie einer Geschäftsführerin. Es gibt keinen CEO und alle sechs sind gleichberechtigt. Wie funktioniert das?

MIELE Es ist klar definiert, was jede und jeder Einzelne in eigener, alleiniger Verantwortung entscheidet und was wir gemeinsam beschließen. Dabei sind Mehrheitsentscheidungen denkbar, in der Praxis bislang aber noch nicht vorgekommen.

Bremst Sie diese Form der gelebten Konsensfindung manchmal?

ZINKANN Nein, obwohl wir sehr intensive Gespräche führen, bei denen auch unterschiedliche Erfahrungen und Prioritäten aufeinandertreffen. Im Ergebnis erreichen wir

Klare Zuständigkeiten und ein offener Austausch (v.l.): Dr. Markus Miele (geschäftsführender Gesellschafter), Olaf Bartsch (Finance & Administration), Rebecca Steinhage (Human Resources & Corporate Affairs), Dr. Reinhard Zinkann (geschäftsführender Gesellschafter), Dr. Axel Kniehl (Marketing & Sales) und Dr. Stefan Breit (Technology) verstehen Geschäftsleitung immer auch als Teamleistung.

umso fundiertere Lösungen, hinter denen alle mit Überzeugung stehen. Im Zweifel gilt: Gründlichkeit vor Schnelligkeit. In unserer jetzigen Geschäftsleitung bringt jede und jeder andere Fähigkeiten mit an den Tisch. Das macht uns zu einem guten Team, das vor allem in großer Offenheit arbeitet. Das empfinden wir als Stärke, die aber kein Selbstläufer ist. Daran muss man täglich arbeiten.

Als Unternehmer braucht man nicht nur Entschlossenheit und Augenmaß, sondern auch Inspiration. Wer oder was inspiriert Sie?

ZINKANN Zum Beispiel unsere Mitarbeiterinnen und Mitarbeiter. Sie haben tolle Ideen. Wir lernen außerdem viel aus den Feedbacks unserer Kundinnen und Kunden, überhaupt aus Anregungen von außen. Natürlich gucken wir uns auch unsere Wettbewerber an, beobachten spannende Start-ups. Das ist ein Prozess des ständigen Lernens. Wer aufhört zu lernen, entwickelt sich nicht weiter, sondern bleibt stehen.

MIELE Ich stelle intensiv Fragen. Warum sind die Dinge so, wie sie sind? Und geht das nicht auch anders? Meinem Vater ist gelegentlich nachgesagt worden, er sei neugierig. Er hat das immer korrigiert und gemeint, er sei wissbegierig. Ich finde, das ist eine gute Voraussetzung, um dazulernen zu können und Dinge weiter zu verbessern. Mir sagte neulich jemand: Das Spülen sei doch total automatisiert. Ich glaube, das Gegenteil ist der Fall. Schließlich muss das Geschirr erst zur Spülmaschine kommen, eingeräumt und

Der Familienrat der Miele Gruppe im Jubiläumsjahr (v.l.): Thomas Kirchhoff, Dr. Axel Horster, Martin Fischedick (Vorsitzender), Dr. Christoph Brand (stv. Vorsitzender), Dr. Susanne Osenberg und Dr. Peter Kremer.

Zwei Familien und ihr Führungsmodell

Als Carl Miele sen. und Reinhard Zinkann das Unternehmen Miele gründeten, ging es ihnen um den langfristigen Erfolg als verantwortlich handelnde selbstständige Unternehmer – zum Wohl der Kunden, der Beschäftigten, der Zulieferer und der Familien. Von Anfang an prägte dies ihren Qualitätsanspruch und ihr Augenmaß für das wirtschaftlich Mögliche. Ebenso war ihnen von vornherein klar, dass sie nur miteinander erfolgreich sein konnten, nicht gegeneinander.

Der unbedingte Wille zur Zusammenarbeit über Generationen hinweg manifestiert sich heute unter anderem in einer klugen Governance, etwa mit der Vorgabe, dass keine Familie ohne die andere handeln kann. Deshalb wurde zum Beispiel festgelegt, dass für Beschlüsse der rund 90 Gesellschafterinnen und Gesellschafter eine Mehrheit von 60 Prozent nötig ist.

Der Gesellschafterausschuss wird Familienrat genannt und ist mit drei Mitgliedern je Familie besetzt. Aktuell sind alle Mitglieder auch selbst Gesellschafter; der Vorsitzende und sein Stellvertreter bilden den Personalausschuss. Themen, die in anderen Familienunternehmen nicht selten zu existenziellen Konflikten führen, sind präzise geregelt. Dazu zählt auch die satzungsmäßige Festlegung des Anteils am Gewinn, der in der Firma verbleibt.

Das Verfahren des Familienrats für die Bestellung von Geschäftsführern und die Voraussetzungen, unter denen Familienmitglieder im Unternehmen arbeiten dürfen, sind ebenfalls klar definiert. „Immer Besser“ heißt auch, dass die Unternehmensführung sich stetig weiterentwickelt hat, um dem Anspruch der Premiummarke Miele im Wettbewerb gerecht zu werden. Aktuell besteht die gleichberechtigte Geschäftsführung aus zwei Vertretern der Inhaberfamilien sowie drei Geschäftsführern und einer Geschäftsführerin, die mit Ressortzuständigkeit die operative Verantwortung in den Ressorts Technology, Marketing & Sales, Finance & Administration sowie Human Resources & Corporate Affairs tragen. Wie im Familienrat sind Mehrheitsentscheidungen denkbar, kommen in der Praxis aber nicht vor.

im Anschluss wieder ausgeräumt und einsortiert werden. Wenn man mit offenen Augen durchs Leben geht, findet man überall Inspiration.

Gibt es etwas, das Sie entschieden anders machen als Ihre Väter?

ZINKANN Mein Vater ist Techniker, ich bin Kaufmann. Da liegt es nahe, dass man unterschiedlich an Dinge herangeht. Ein anderes Thema ist, dass die Firma früher auch daheim immer mit am Tisch gesessen hat. Das wollte ich anders machen. Habe ich mich daran gehalten? Sicher nicht ganz; ich meine aber, ein für mich richtiges Gleichgewicht gefunden zu haben.

MIELE Auch ich gehe vieles anders an, als mein Vater dies getan hat. Einfach, weil das Unternehmen sich weiterentwickelt hat. Nachdem wir zunächst vor allem im landwirtschaftlichen Handel stark waren, musste sich mein Vater an große Elektrofachmarktketten gewöhnen. Heute machen wir nur noch 25 Prozent unseres Umsatzes in Deutschland. Alles wandelt sich, wird komplexer, schneller, digitaler – und wir wandeln uns natürlich auch. Die Digitalisierung durchdringt alle Bereiche, nicht nur technische Fragestellungen. Wir sind natürlich auch stark gewachsen. Als mein Vater ins Unternehmen kam, arbeiteten hier etwa 3.500 Leute, da konnte er fast noch jedem die Hand geben. Als ich kam, waren es bereits über 14.000. Heute haben wir mehr als 22.000 Mitarbeiterinnen und Mitarbeiter weltweit.

Was bedeutet das für das Familienunternehmen Miele?

MIELE So gerne ich würde, ich kann nicht mehr alle Hände schütteln. Ich glaube aber weiter daran, dass sich Werte und Haltung am besten teilen lassen, wenn man miteinander spricht und präsent ist. Wertschätzung, Verbindlichkeit und Langfristigkeit bleiben grundlegend. Bei Investitionen zählt für uns nicht das nächste Quartal, sondern die Frage: Was bringt uns in drei, in fünf, in zehn oder womöglich erst in 20 Jahren weiter? Dabei spielt natürlich die Digitalisierung eine überragende Rolle, aber ebenso die Nachhaltigkeit in all ihren Facetten bis hin zu einer vorausschauenden Personalstrategie und einer inspirierenden Unternehmenskultur, Stichwort demografischer Wandel.

ZINKANN Diese Kontinuität im Denken und Handeln ist für uns essenziell. Das verbindende Element ist dabei nicht nur ein Ort, auch wenn Gütersloh unser Dreh- und Angelpunkt bleibt. Mittlerweile besteht unser Unternehmen aus Kolleginnen und Kollegen in rund 50 Ländern. Es ist unsere Marke mit ihrem Leitgedanken „Immer Besser“, die verbindet und die Richtung vorgibt. Dieser Spirit ist etwa in Australien genauso erlebbar wie in den USA oder in Japan, wenn auch in Nuancen unterschiedlich. Sich, wo immer man hinkommt, gerne zu dem Unternehmen, der Marke und den Produkten zu bekennen – diese Zugehörigkeit ist überall deutlich zu spüren.

Welches waren die strategischen Herausforderungen, als Sie bei Miele gestartet sind?

ZINKANN Als ich 1992 zu Miele kam, war die gesamtwirtschaftliche Lage nicht so angespannt wie zum Beispiel aktuell infolge des Krieges in der Ukraine. Sie war dennoch alles andere als gut. Dank des Mauerfalls haben wir aber unser Geschäft im Osten Deutschlands wieder aufnehmen können,

Miele

Dr. Markus Miele, Jahrgang 1968, studierte Wirtschaftsingenieurwesen in Karlsruhe und promovierte in St. Gallen. 1999 stieg er in das Unternehmen seiner Familie ein. Seit 2002 ist er Mitglied der Geschäftsleitung.

Dr. Reinhard Christian Zinkann, Jahrgang 1959, studierte unter anderem Betriebswirtschaft in Freiburg, Köln und Harvard und promovierte an der TU Berlin. Er begann 1992 bei Miele und leitete zunächst die Tochterfirma Imperial. 1999 wurde Zinkann Mitglied der Geschäftsleitung.

und gleichzeitig galt es, die osteuropäischen und erste asiatische Märkte in den Blick zu nehmen. In Deutschland veränderte sich die Distributionslandschaft, mit weniger Großhandel und mehr Fachhandel sowie Einkaufskooperationen. Es war außerdem die Zeit nach der Übernahme unserer damals neuen Kochgerätetochter Imperial, deren Geschäftsführer ich wurde. Das Geschäft mit den Einbaugeräten sollte substanziell ausgebaut werden. Es gab also auch damals tiefgreifende Veränderungen, die sich mit den richtigen Prioritäten aber erfolgreich gestalten ließen. Unter anderen Vorzeichen ist genau das auch heute unsere Aufgabe.

MIELE Bei mir war das 1999, und wer sprach da schon von digitalen Touchpoints, KI oder Fachkräftemangel? Auf die globalen Megatrends gilt es, die richtigen Antworten zu finden und diese auch als Chance zu begreifen. Um bei meinem Einstiegsjahr zu bleiben – wir feierten das 100-jährige Jubiläum und hatten ein richtig erfolgreiches Geschäftsjahr. Dann: die Terroranschläge vom 11. September 2001. Im folgenden Einbruch der Weltwirtschaft mussten auch wir uns auf einschneidende Maßnahmen vorbereiten, brauchten diese aber nicht umzusetzen. Die Konjunktur war praktisch von heute auf morgen wieder durchgestartet, was damals nicht nur für uns überraschend kam. Als dann in den Jahren 2008 und 2009 die Weltfinanzkrise ausbrauch, konnten wir unser Geschäft nahezu konstant halten. Das lag auch daran, dass in Deutschland und vielen weiteren Länden die „Geiz-ist-geil"-Welle allmählich abebbte und die Menschen wieder stärkeren Wert auf Qualität legten.

Und wie blicken Sie auf das Jubiläumsjahr 2024?

MIELE Es ist für unsere gesamte Branche ein äußerst herausforderndes Jahr, mit einem weltweit rückläufigen Geschäft bei zugleich deutlichen Kostensteigerungen. Nach mehreren hohen Umsatzzuwächsen in Folge mussten wir bei Miele 2023 den empfindlichsten Rückgang seit langem hinnehmen, und es wird lange dauern, das wieder aufzuholen. Dafür investieren wir mit ganzer Kraft in die Qualität, Innovativität und Nachhaltigkeit unserer Produkte, den weiteren Ausbau unserer Standorte sowie in den Ressourcen- und Klimaschutz bei Miele. Um den veränderten Rahmenbedingungen zu begegnen, sind aber auch strukturelle Veränderungen unausweichlich.

ZINKANN Gerade in einem Jubiläumsjahr liegt der Blick auf die vielen einschneidenden

Veränderungen in unserer 125-jährigen Geschichte nahe, denen wir uns gestellt haben und die uns im Ergebnis langfristig immer weiter gestärkt haben. Abgesehen von der Waschmaschine, die schon 1901 dazugekommen ist, gibt es kein Produkt, das uns die ganze Zeit begleitet hat. So war das Unternehmen keine 15 Jahre alt, als es damit anfing, auch Autos zu bauen. Jedoch dauerte es nicht lange, bis deren Produktion wieder aufgegeben wurde, denn der mit den Autos verbundene Kapitalbedarf hätte uns schnell überfordert. Später folgte der schrittweise Rückzug aus der Landwirtschaft und der Herstellung von Zweirädern, zugunsten etwa der Geschirrspülmaschine und der Kochgeräte. All das waren weitreichende unternehmerische Entscheidungen, die sich im Ergebnis aber als richtig erwiesen haben. Was sich dagegen nicht verändert, ist das Festhalten an unserem Markenversprechen „Immer Besser". Das ist sozusagen unser genetischer Code.

Womit soll Ihre Generation einmal verbunden werden? Welches Erbe möchten Sie hinterlassen?

MIELE Das „Immer Besser" mit seinem ständigen Streben nach Qualität und Innovation hat uns zu dem gemacht, was wir heute sind. Es ist auch an uns, diese Philosophie zukunftsgerichtet weiterzuentwickeln, nicht nur mit Blick auf Produkte und Services, sondern auch auf Bereiche und Prozesse im Unternehmen. Daran arbeiten wir, und daran müssen wir uns messen lassen. Natürlich möchten wir der nächsten Generation ein gesundes, besseres Unternehmen übergeben. Dazu gehört die Kraft, in schwierigen Zeiten auch schwierige Entscheidungen zu treffen und umzusetzen, verbunden mit einer überzeugenden Vision für eine nachhaltig erfolgreiche Zukunft unseres Familienunternehmens Miele.

ZINKANN Das kann ich nur bestätigen. Wenn ich auf meine bisherige Zeit bei Miele zurückblicke, gibt es aus meiner Sicht vor allem diese zwei Themen, die das Unternehmen weiterhin prägen: Die zusätzliche strategische Ausrichtung auf Kücheneinbaugeräte sowie die Digitalisierung in all ihren Facetten, in Produktion, Vermarktung und bei den Produkten, Stichwort „Smart Home". Hier wie dort gilt es, am Ball zu bleiben und zugleich nach immer wieder neuen Wegen Ausschau zu halten. Denn nur so können wir der nächsten Generation, und nicht zuletzt den Mitarbeiterinnen und Mitarbeitern, mehr hinterlassen, als uns selbst mit auf den Weg gegeben wurde.

1950

1999

Miele im Wirtschaftswunderland – **die Zeichen stehen auf Wachstum.** Sowohl im Heimatmarkt als auch außerhalb Deutschlands werden neue Werke gegründet. In vielen Ländern entstehen Vertriebsgesellschaften. Miele begeistert überall mit zunehmend automatisierten Produkten.

Mit seinen hochwertigen und komfortablen Geräten für Haushalt und Gewerbe **nutzt Miele die Möglichkeiten dieser Zeit.** Nicht nur Deutschland verändert sich, auch an der Unternehmensspitze von Miele setzt man sich zum Ende des Jahrtausends neu zusammen.

Seit der Hannover Messe 1951 ergänzt vermutlich für gut zehn Jahre ein aufwendig gestalteter Bus die Außenwirkung der eigenen Verkaufsbüros und des Fachhandels. Fahrer Carl Porsche manövriert die mobile, 23 Meter lange Ausstellungsfläche durch Europa. Ihr Spitzname, so vermerkt eine spätere Erinnerungen- und Anekdotensammlung: „die halbe Welt“.

Miele
CENTRIFUGHE
Miele
ASPIRAPOLVERE
Miele
LAVATRICI
Miele
CENTRIFUGHE
Miele
ASPIRAPOLVERE
Miele
Miele
CENTRIFUGHE
Miele
Miele
Miele

„Alle 20 Sekunden verläßt ein fertiger Motor das Band", stellt Miele das Werk in Euskirchen in einer Publikation aus den 1960er-Jahren vor. Das Foto zeigt Arbeiterinnen in der Motorenproduktion im selben Zeitraum.

Das dritte Werk

Da in Bielefeld Arbeitskräfte knapp sind, wird der langjährige Werkleiter Fritz Fortmann 1951 beauftragt, einen neuen Standort aufzubauen. Zunächst sollen dort Dynamos für die Fahrräder produziert werden. Die Wahl fällt auf Euskirchen bei Köln, wo Miele anfangs die Räume einer stillgelegten Textilfabrik mietet, später aber ein eigenes Werk baut. Zuvor schon, 1952, hatte die Produktion auch von Elektromotoren begonnen.

Die Entscheidung für Euskirchen ist unter anderem von Zweifeln über die politische Zukunft Deutschlands begleitet: Mitten im Kalten Krieg schließt man nicht aus, dass die Sowjetunion Teile Westdeutschlands besetzen könnte. Als natürliche Grenze für einen solchen Vormarsch sieht man damals den Rhein – womit zumindest ein Werk vor dem Zugriff der Sowjets sicher schien.

Schon bald mausert sich das heutige „Technology Center Drives" zum Kompetenzzentrum für die Entwicklung und Produktion von Antrieben, Gebläsen, Pumpen und Kabeltrommeln. Komponenten aus Euskirchen stecken zum Beispiel in den Waschmaschinen, Trocknern, Geschirrspülern und Staubsaugern und leisten einen wichtigen Beitrag zur Langlebigkeit und Performance dieser Produkte.

Ideen gefragt

Im Geburtsjahr des Werks Euskirchen geht bei Miele auch das Betriebliche Vorschlagswesen an den Start. Ziel ist, dass Werksangehörige eigenverantwortlich die Entwicklung des Unternehmens mitgestalten. Bereits Anfang der 1910er-Jahre wurde die Belegschaft durch Plakatanschlag aufgefordert, „Ideen betr. Verbesserungen der Arbeitsmethode, Neuerungen an den Maschinen, Organisation des Betriebes u.s.w. ungeniert anzubringen."

1952

Schneller waschen

Statt sich auf den Weg in eine gemeinsame Waschküche zu machen, einfach zur eigenen Waschmaschine spazieren? Immer mehr Neubauwohnungen in Mietshäusern steigern die Nachfrage nach einer platzsparenden Waschmaschine. Mit der Schnellwaschmaschine Modell Nr. 75, gefolgt von der 75 S Teilautomatik und dem fahrbaren Modell Nr. 65, zieht Miele in Etagenwohnungen ein. Bis 1967 fertigt das Werk Bielefeld insgesamt rund 750.000 Stück dieser drei Modelle.

1953 verändert sich das Design der Waschmaschine grundlegend: Im gewerblichen Modell 307 verwendet Miele erstmals ein Bullauge, durch das sich die Wäsche beobachten lässt. Der neue Look prägt später auch Waschmaschinen für private Haushalte. Zur sanften Wäschebehandlung sind die Löcher der Waschtrommel trichterförmig nach außen gedrückt. „Ich wasche mühelos mit Miele!“, verspricht die Werbung für die neue Miele 307, die daneben auch die Wäschezentrifuge in Szene setzt. Denn noch kommt die Wäsche durchnässt aus der Trommel.

Auge in Auge mit der Wäsche ist man dank des gewerblichen Modells 307, 1953.

Unter dem Titel „Mein Miele macht's“ wird für den Handstaubsauger Mielette geworben, ca. 1950er-Jahre.

Flexible Handstaubsauger

1952 bringt eine weitere Premiere: die erste Mielette. Auf sie folgen der Mielette-Luxus-Handstaubsauger und die Super-Mielette mit auswechselbarer Staubtüte, die sich durch Ergänzungszubehör für den Einsatz auf dem Boden umrüsten lassen. Rund eine halbe Million der Modelle Mielette und Super-Mielette werden bis Mitte der 1960er-Jahre hergestellt.

GASTBEITRAG

Revolution im Haushalt

EFFROSYNI ADAMOPOULOU, PHD, ZEW – LEIBNIZ-ZENTRUM FÜR EUROPÄISCHE WIRTSCHAFTSFORSCHUNG UND UNIVERSITÄT MANNHEIM
PROF. JEREMY GREENWOOD, UNIVERSITY CF PENNSYLVANIA
PROF. NEZIH GUNER, CENTER FOR MONETARY AND FINANCIAL STUDIES (CEMFI), MADRID[1]

Schritte des Waschens in Deutschland, wie sie in den 1920er-Jahren illustriert werden.

Herd, Kühlschrank, Staubsauger und Waschmaschine sind heute typischerweise in den Haushalten der meisten Länder anzutreffen. Das erscheint oft als selbstverständlich. Dabei vergisst man, wie viel Zeit und Mühe diese Hausgeräte im Alltag ersparen.

Der Originalbeitrag wurde auf Englisch verfasst. Anmerkungen, Literatur und Quellen sind zu finden ab S. 241.

Stellen Sie sich vor: Sie wachen eines Tages auf und all Ihre Hausgeräte sind verschwunden. Was würden Sie tun? Wie bereiten Sie Ihre Mahlzeiten zu, spülen Ihr Geschirr, reinigen den Fußboden und waschen und bügeln Ihre Wäsche?

Dieser Beitrag führt durch die Wirtschaftsgeschichte und beleuchtet, wie die Einführung moderner Hausgeräte gemeinsam mit der Rationalisierung der Arbeitsabläufe im Haushalt die häusliche Arbeitslast weltweit verringerte. Den Frauen kam sowohl in Deutschland als auch in den Vereinigten Staaten eine Schlüsselrolle in diesem Prozess zu. Die Revolution im Haushalt erleichterte ihnen den Eintritt in die Erwerbstätigkeit.

Hausarbeit um die Jahrhundertwende

Im Jahr 1900 fielen in einem durchschnittlichen amerikanischen Haushalt ohne Hausgeräte pro Woche 58 Stunden Hausarbeit an.[2] Die amerikanische Hauswirtschafterin Christine Frederick beschrieb die mühsame und zeitaufwendige Hausarbeit, wie sie um 1910 üblich war:[3] „Ich brauchte jeden Tag beinahe eine ganze Stunde, um die sieben Öllampen in unserem Landhaus auf Long Island zu reinigen und aufzufüllen. Zudem musste ich von Hand Wasser aus der Zisterne pumpen, die Suppe für die Familie in einer Kochkiste – ganz ohne Feuer – zubereiten, die Wäsche der Kinder mühsam in einem Bottich mit einem Wäschestampfer bearbeiten und anschließend mit einem kohlebeheizten Bügeleisen glätten. Die Böden reinigte ich mit dem Besen und einem speziellen Mopp zum Polieren.“[4]

Im Jahr 1900 wuschen etwa 98 Prozent der Haushalte in den USA ihre Wäsche mit einem Waschbrett für 12 Cent. Dazu musste zunächst Wasser geholt und auf einem mit Kohle oder Holz befeuerten Herd erhitzt werden. Die Wäsche wurde dann entweder auf einem Waschbrett gerieben oder in einer mechanischen Waschmaschine händisch mit einer Stange hin- und herbewegt. Anschließend musste die Wäsche ausgespült werden. Dann wurde sie entweder von Hand oder mithilfe eines Wäschewringers ausgewrungen und zum Trocknen auf eine Wäscheleine gehängt. Zuletzt folgte das umständliche Glätten mit schweren Bügeleisen aus massivem Eisen, die fortlaufend auf dem Herd erhitzt werden mussten.

Erna Meyer, deutsche Volkswirtin und Journalistin, beschrieb die Situation im Deutschland der 1920er-Jahre ähnlich (siehe Abbildungen links).[5]

Rückgang der Arbeitsstunden im Haushalt

In den Vereinigten Staaten ging die mit Hausarbeit verbrachte Zeit im Laufe des 20. Jahrhunderts erheblich zurück: 1975 betrug sie nur noch 18 Stunden pro Woche (gegenüber 58 Wochenstunden zu Beginn des 20. Jahrhunderts).[6] Dies war ein gradueller Prozess, der sich gegen Ende der 1990er-Jahre stabilisierte. Auch heutzutage bestehen weltweit immer noch Unterschiede beim durchschnittlichen wöchentlichen Zeitaufwand für die Hausarbeit. Haushalte in weniger wohlhabenden Ländern verbringen tendenziell mehr Zeit mit Kochen und Putzen, da moderne Hausgeräte und technische Neuerungen dort im Vergleich zu wohlhabenderen Ländern weniger schnell Verbreitung finden. So besaßen im Jahr 2005 nur 36 beziehungsweise

64 Prozent aller Haushalte in Brasilien und Mexiko eine Waschmaschine. Der Anteil in den Vereinigten Staaten betrug demgegenüber 82 Prozent.[7]

Motoren der Befreiung

Die Reduzierung des Zeitaufwands für Arbeiten im Haushalt fand in Amerika zeitgleich mit dem Aufkommen und der zunehmenden Verbreitung von Hausgeräten wie Kühlschränken, Waschmaschinen und Geschirrspülern statt.[8] Dazu trug vor allem der deutliche Rückgang der „time prices" bei, also der Zeit, die man durchschnittlich arbeiten muss, um sich das betreffende Gerät leisten zu können. Im Jahr 1925 gab es beispielsweise keine Haushalte mit Kühlschrank, doch 1978 war jeder Haushalt damit ausgestattet. Zwischen 1949 und 1983 fiel der „time price" von Kühlschränken qualitätsbereinigt um 8,1 Prozent jährlich. Miele brachte im Jahr 1901 seine erste Waschmaschine auf den Markt; 1929 folgte der erste Geschirrspüler.

Die amerikanische Rural Electrification Authority (Behörde für ländliche Elektrifizierung) untersuchte in einer Studie von 1945 bis 1946 die Auswirkungen der Elektrifizierung von Privathaushalten auf das Wäschewaschen. Zwölf Bäuerinnen nahmen an dieser Studie teil. Verglichen wurde der Zeitaufwand für das Waschen von Hand mit der Zeit, die das Waschen mithilfe elektrischer Geräte in Anspruch nahm. Jede Teilnehmerin erhielt einen Schrittzähler. Eine dieser Teilnehmerinnen war Mrs. Verett aus Floydada, Texas. Bevor die Veretts ans Stromnetz angeschlossen waren, nutzte Mrs. Verett nicht wie sonst üblich ein Waschbrett, sondern eine gasbetriebene Waschmaschine. Mit der Elektrizität hielten auch verschiedene elektrische Hausgeräte Einzug in das Haus der Veretts, wie etwa eine Waschmaschine, ein Trockner und ein Bügeleisen. Ferner wurde ein Warmwasserbereiter installiert. Der Studie zufolge betrug der Zeitaufwand für das Waschen von rund 17 Kilogramm Wäsche ohne Einsatz elektrischer Hausgeräte ungefähr vier Stunden. Hinzu kamen viereinhalb Stunden Bügeln und Glätten mit traditionellen Bügeleisen. Durch den Einsatz elektrischer Hausgeräte konnte die Waschzeit auf 41 Minuten reduziert werden; das Bügeln und Glätten dauerte nur noch eine Stunde und 45 Minuten. Die Strecke, die Mrs. Verett bei der Wäsche zurücklegte, verringerte sich von knapp 970 Metern auf gut 100 Meter. Der Einsatz elektrischer Geräte reduzierte die beim Bügeln und Glätten zurückgelegte Distanz von rund 950 Metern auf etwas über 100 Meter.[9]

Mit Beginn der zweiten industriellen Revolution und der damit unter anderem verbundenen Elektrifizierung priesen Frauenzeitschriften auch die Vorteile von Hausgeräten zur Erleichterung der Hausarbeit. So behauptete ein Artikel im „Ladies' Home Journal" von 1920 mit dem Titel „Making Housekeeping Automatic" (übersetzt: „Die Hausarbeit automatisieren"), dass Hausgeräte in einem Vier-Personen-Haushalt wöchentlich 18,5 Stunden an Arbeitszeit einsparen könnten; davon 8,5 Stunden für die Zubereitung von Mahlzeiten und 7,75 Stunden für Putzen, Geschirrspülen, Waschen und Bügeln.

In Deutschland fand eine ähnliche Entwicklung statt. Die Autorinnen Hildegard Margis und Mechthilde Raetsch schrieben beispielsweise in ihrem Buch aus dem Jahr 1933: „Wenn man bedenkt, dass beim elektrischen Kochen kaum ein Zwang zur Beaufsichtigung besteht, also die Hausfrau während des Kochprozesses andere Arbeiten erledigen kann, darf man ruhig behaupten, dass das elektrische Kochen eine große Entlastung für die Hausfrau ist. [...] Die Hausfrau ist nicht mehr wie früher an die Überwachung des Kochguts gebunden. Sie wird von der lästigen Herdarbeit befreit und kann während des Kochens anderen Hausarbeiten nachgehen. Das ist eine erhebliche Entlastung, insbesondere weil sie während des Kochvorgangs nicht mehr ausschließlich an ‚die Küche' gebunden ist."[10]

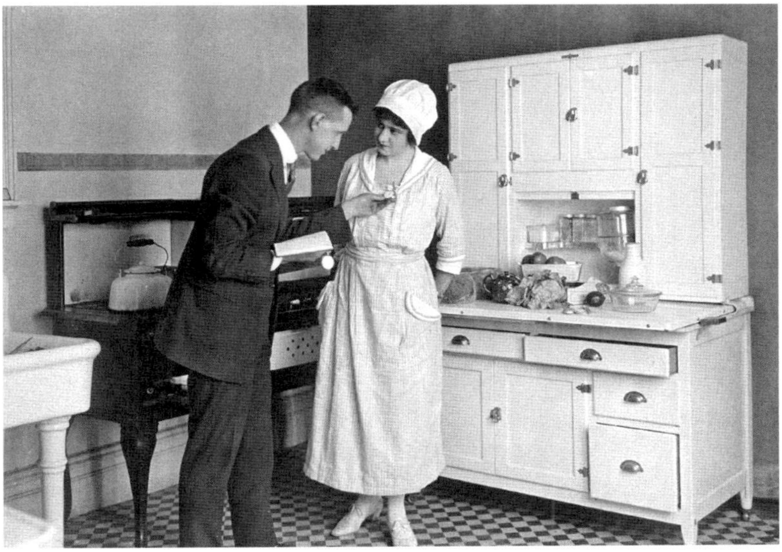

Autorin Christine Frederick zeigt ihr Küchenlabor.

Ein weiteres zeitsparendes Gerät ist der Mikrowellenherd. Dieser wurde 1945 vom amerikanischen Physiker Percy LeBaron Spencer erfunden. Beim Bau von Magnetronen (Hochleistungs-Vakuumröhren, die in Radaranlagen zum Einsatz kommen) bemerkte Spencer, dass ein Schokoriegel in seiner Tasche zu schmelzen begann. Spencer erprobte die Wirkung der Mikrowellen dann an einem rohen Ei, das er in einem Teekessel neben dem Magnetron platzierte. Das Ei explodierte und der heiße Dotter ergoss sich über das Innere des Kessels. Spencer baute dann einen Metallkasten und beobachtete, dass Lebensmittel mithilfe von Mikrowellen gegart werden konnten. So entstand der Mikrowellenherd. Raytheon, das Unternehmen, bei dem Spencer arbeitete, reichte 1945 einen Patentantrag ein.

Restaurants waren die Ersten, die Mikrowellenherde einsetzten. Dann folgten lebensmittelverarbeitende Betriebe, wo Kartoffelchips per Mikrowelle getrocknet und Kaffeebohnen geröstet wurden. Die Mikrowellengeräte für die gewerbliche Nutzung waren teuer – 2.000 bis 3.000 Dollar beziehungsweise etwa 22.000 bis 33.000 Dollar in heutigen Zahlen – und mit einer Höhe von etwa zwei Metern außerordentlich groß. In den 1970er-Jahren kamen Mikrowellenherde schließlich auch zunehmend in Privathaushalten zum Einsatz. Zu ihrer raschen Verbreitung trug nicht zuletzt der rapide qualitätsbereinigte Preisrückgang bei: Bis 1980 fielen die Preise um 60 Prozent.

Taylorismus im Haushalt

Der amerikanische Ingenieur Frederick Winslow Taylor veröffentlichte 1909 ein Werk mit dem Titel „The Principles of Scientific Management", das im Deutschen unter dem Titel „Die Grundsätze wissenschaftlicher Betriebsführung" erschien. Sein besonderes Interesse galt dabei der Effizienzsteigerung durch die Rationalisierung industrieller Arbeitsabläufe. Bald setzten sich auch wegweisende Autorinnen wie Christine Frederick und Erna Meyer für mehr Effizienz im Haushalt ein.

Parallel zum Einzug der neuen Geräte in die Privathaushalte fand auch eine Rationalisierung der Hausarbeit statt. 1912 entwickelte Christine Frederick ein Küchenlabor (die Applecroft Experiment Station, siehe Abbildung oben), um die Effizienz der Hausarbeit zu steigern. Mittels Zeit- und Bewegungsstudien erfasste Frederick die mit Haushaltstätigkeiten verbrachte Zeit sowie die dabei zurückgelegten Schritte. Sie testete neue Hausgeräte und beschäftigte sich mit der optimalen Küchengestaltung und -planung.

Frederick wandte ihr innovatives Konzept zunächst auf das Geschirrspülen an und weitete es später auf andere Arbeiten aus. Akribisch gliederte sie das Geschirrspülen in drei Phasen: Entfernen grober Speisereste und Vorsortieren/Stapeln des Geschirrs, Waschen und Trocknen sowie Einräumen von Geschirr und Besteck. Anhand ihrer Berechnungen ermittelte Frederick die optimale Höhe des Spülbeckens und stellte dabei fest, dass ein Abtropfbrett links vom Becken – ebenso wie tiefere Becken und der Anschluss eines Spülschlauchs an den Warmwasserhahn – den Arbeitsablauf deutlich beschleunigten: Bei jeder Mahlzeit konnten so etwa 15 Minuten eingespart werden. 1913 beschäftigte sich Frederick mit den unnötigen körperlichen Anstrengungen, denen unzählige Hausfrauen ausgesetzt waren, wenn sie sich über Küchentische, Waschbecken und Bügelbretter beugten. Dabei sah Frederick Parallelen zur körperlichen Belastung von Maurern.[11]

Zusammen mit anderen Vertreterinnen und Vertretern der Hauswirtschaftsbewegung hatte Frederick erheblichen Einfluss auf die Gestaltung von Hausgeräten und den Haushalten selbst. Ein hervorragendes Beispiel für ihr Wirken ist die Weiterentwicklung der Küche. Im 19. Jahrhundert bestand die Einrichtung einer Küche im Wesentlichen aus großen Tischen und vereinzelten Anrichten. In den 1930er-Jahren kamen dann planvoll eingerichtete Küchen mit durchgehenden Arbeitsflächen und Einbauschränken auf. Ab den 1940er-Jahren wurde die Küche zunehmend in den Ess- und Wohnbereich integriert, wodurch die Isolation der Hausfrau ein Ende hatte.

Die richtige Anordnung der Kücheneinrichtung, wie sie Erna Meyer Mitte der 1920er-Jahre vorsieht.

In ihrem Buch „Household Engineering"[12] (1919) stellte Christine Frederick eine schlecht organisierte Küche im Vergleich zu einer nach Effizienzgesichtspunkten organisierten Küche bildlich dar. In der effizient gestalteten Küche sind die Bereiche für die Zubereitung von Mahlzeiten und das Abräumen von Geschirr räumlich nahe beieinander angeordnet, im Gegensatz zur eher zufälligen Anordnung in der schlecht geplanten Küche.

Ein paar Jahre später plädierte Erna Meyer in ihrem Buch „Der neue Haushalt" (1926) für eine rationelle Haushaltsführung, die auch einen praktischen Küchengrundriss vorsah. Dieser konnte in jeder Küche, ob einfach oder luxuriös, umgesetzt werden (siehe Abbildung links).

Die Suche nach der ergonomischsten Arbeitshaltung ergab eine weitere zentrale Anforderung, die man in der Industrie bereits seit geraumer Zeit eingehend diskutiert hatte: die Bedeutung der Arbeitshöhe. Alle Geräte, Utensilien und Arbeitsflächen sollten sich in der richtigen Höhe befinden, der sogenannten Arbeitshöhe. Laut Meyer ist die Höhe richtig, wenn sie möglichst jegliche Muskelverspannung vermeidet (auch von Muskeln, die nicht unmittelbar an der Tätigkeit beteiligt sind). Und man soll in Füßen, Beinen, Brust, Rücken und Nacken auch bei längerer Arbeit keinerlei Schmerz oder Unbehagen verspüren.

Selling Mrs. Consumer[13]
Als das Marketing noch in den Kinderschuhen steckte, schrieb Christine Frederick ihr Buch „Selling Mrs. Consumer". Im ersten Kapitel mit dem Titel „The Growing Recognition of the Need for Consumer Study" (übersetzt: „Die wachsende Anerkennung der Notwendigkeit von Verbraucherstudien") schrieb Frederick: „Marktforschung ist die Brücke, welche die Kluft überwindet, die die meisten Unternehmen von den Verbrauchern trennt"[14], und führte weiter aus: „Wissen über den Verbraucher wird durch analytische Studien, Forschung, Tests, Befragungen und praktische Experimente gewonnen"[15]. Ihr besonderes Interesse galt der Vermarktung neuer Hausgeräte an Frauen.

Fredericks Buch enthält zahlreiche Fakten über amerikanische Konsumenten. Anhand eines Kreisdiagramms illustrierte Frederick, welchen prozentualen Anteil die größten Ausgabenkategorien (Lebensmittel, Kleidung, Wohnen, Brennstoffe/Beleuchtung, Möbel/Einrichtung und Sonstiges) im Jahr 1913 an den Verbraucherausgaben insgesamt hatten, und wie sich jede Kategorie bis 1923 entwickelte. Dazu legte Frederick eine detaillierte Aufschlüsselung der Pro-Kopf-Ausgaben innerhalb jeder Kategorie vor und untersuchte drei aggregierte Konsumkategorien nach zehn Einkommensstufen. Mit sinkendem Einkommen gaben Familien proportional mehr für Güter des täglichen Bedarfs und weniger für Luxusgüter (Originaltext: advancement) aus; ihre Überschüsse (Originaltext: surpluses) gingen zurück.[16] Das Ausgabeverhalten wurde zudem nach Frauen und Männern aufgeschlüsselt.

Werbekampagnen in jener Zeit betonten den Freizeitgewinn durch neue Elektrogeräte. So hieß es beispielsweise in einer irischen Anzeige aus den 1930er-Jahren: „Die Herrin des Hauses – frei von unnötiger Plackerei, frei von krankmachender Müdigkeit, frei um auszuruhen und zu lesen"[17]. In ähnlicher Weise warb eine Miele Anzeige aus den 1950er-Jahren mit den Worten: „Die Hausfrau hat einen langen, anstrengenden Arbeitstag. Jede Erleichterung ist da hochwillkommen." Frederick riet ihren Leserinnen und Lesern: „Bei seinem Angebot an Haushaltsgegenständen muss der Händler sich stets fragen: Verschafft dieses Werkzeug, dieses Gerät, dieser Apparat Mrs. Consumer mehr Freizeit?"[18]

Haushalte im Wandel

Im 20. Jahrhundert veränderten die bahnbrechenden Fortschritte bei der Entwicklung moderner Hausgeräte weltweit die Lebensweise der Menschen (siehe Abbildung rechts). Eine namhafte soziologische Studie ergab, dass 87 Prozent der (verheirateten) Hausfrauen in Middletown, einer Kleinstadt im US-Bundesstaat Indiana, im Jahr 1924 täglich über vier Stunden mit Hausarbeit verbrachten und keine von ihnen weniger als eine Stunde.[19] Laut einer 1999 durchgeführten Anschlussstudie verbrachten nur 14 Prozent der Hausfrauen täglich über vier Stunden mit Hausarbeit und 33 Prozent weniger als eine Stunde. Gleichzeitig stieg in diesem Zeitraum der Anteil der verheirateten Frauen an der Erwerbsbevölkerung in den Vereinigten Staaten von 7 auf 61 Prozent.

Ohne arbeitssparende Haushaltstechnik, welche die Arbeitslast zu Hause reduzierte, wäre verheirateten Frauen der Eintritt in die Erwerbstätigkeit nicht möglich gewesen. Für die meisten Frauen wäre es heutzutage nicht machbar, wie im Jahr 1900 58 Stunden im Haushalt zu arbeiten und zusätzlich rund 40 Wochenstunden berufstätig zu sein. Amerikanischen Zeitstudien zufolge hat die den Frauen zur Verfügung stehende Freizeit von 1965 bis 2003 um etwa vier bis acht Stunden pro Woche zugenommen. Über einen Zeitraum von 40 Jahren entspricht das einem Gewinn an freier Zeit, die nicht mit Schlafen verbracht wird, von zwei bis vier Wochen pro Jahr. Weltweit lassen sich die gleichen Trends bei der Teilnahme von Frauen am Arbeitsmarkt beobachten (siehe Abbildung unten).[20]

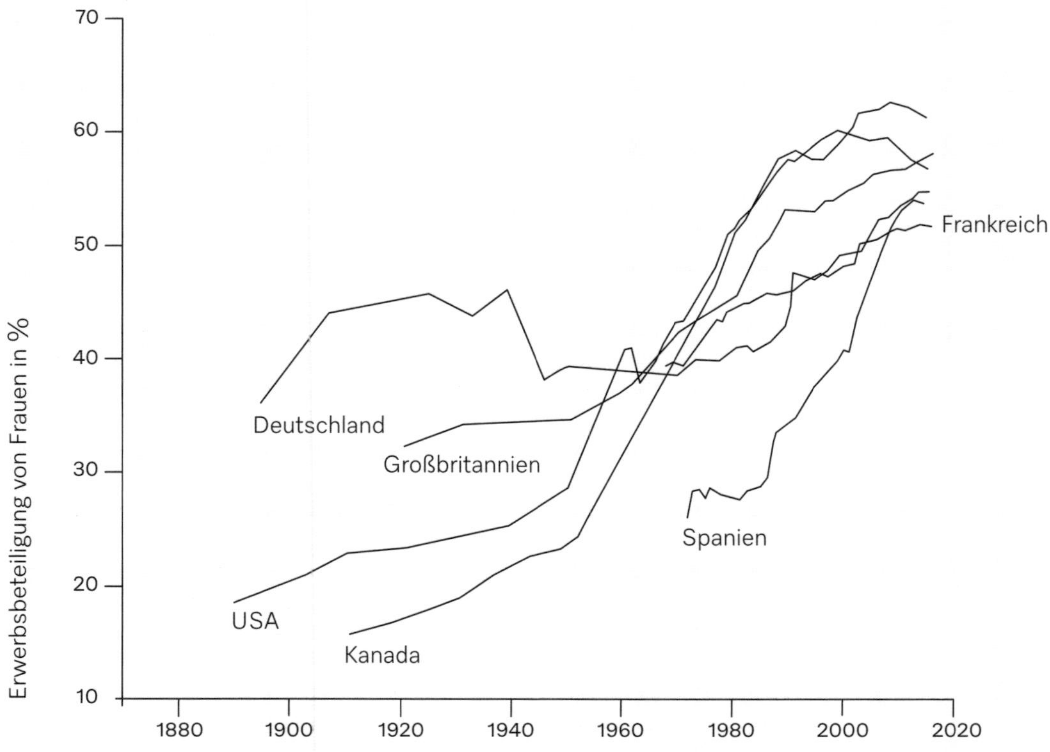

Zu sehen ist die Entwicklung des Frauenanteils an der Erwerbsbevölkerung in verschiedenen Ländern.

Mit dieser Anzeige rückte Miele 1958 die internationale Verbreitung seiner Waschmaschinen in den Fokus. Die Darstellung regionaler Stereotype über landestypische Kleidung entsprach dem zeithistorischen Kontext.

Ferner erleichterte die Verringerung der erforderlichen Haushaltsarbeiten das Leben Alleinstehender. Das hat den Anreiz zur Eheschließung verringert. Zu Beginn des 20. Jahrhunderts lag in den Vereinigten Staaten der Anteil unabhängiger Haushalte, die aus einer ledigen Frau bestanden, bei nahezu null; im Jahr 2000 betrug dieser Anteil rund 50 Prozent. Im Ergebnis hat dies weltweit zu einem Rückgang der Eheschließungsraten beigetragen. In den Vereinigten Staaten ging die Zahl der Eheschließungen je 1.000 Personen im Zeitraum von 1946 bis 2018 von 16,4 auf 6,5 Prozent zurück; in Deutschland sank diese Zahl im Zeitraum zwischen 1960 und 2017 von 8,5 auf 4,9 Prozent.[21]

Selbst vor dem Hintergrund der neuen Technologien, die im Zuge der zweiten industriellen Revolution um die Jahrhundertwende zum Einsatz kamen, war die Revolution des Alltags durch Hausgeräte eine bahnbrechende Entwicklung. Der Rückgang der Hausarbeit stellte zudem den Nutzen der traditionellen Arbeitsteilung zwischen dem Ehemann als Ernährer der Familie und der Ehefrau als Hausfrau infrage. So entpuppte sich die Revolution im Haushalt als Motor der Befreiung.

Schneller unterwegs: Das Miele Motorrad

Die Zweiradproduktion in Bielefeld gewinnt im Zuge der Motorisierungswelle Anfang der 1950er-Jahre an Fahrt. Nach dem Ende des Zweiten Weltkriegs hatte Miele bereits 1946 erneut die Produktion von Fahrrädern aufgenommen; motorisierte Fahrräder der Klasse 20 (bis 98 cm^3) waren ab 1948 wieder hergestellt worden. Schon zum Ende des Jahrzehnts hatte die Zweiradproduktion aufgrund der Erschließung neuer Märkte, zum Beispiel in Südamerika, stark angezogen.

Als das laut Werbung „ideale Verkehrsmittel für die Berufstätigen aller Stände“ ist das Motorrad nun das zunehmend bevorzugte Fortbewegungsmittel auf den Straßen – das Auto bleibt ein Luxusgut. Miele sieht das Potenzial im wachsenden Markt der Motorräder: Ab 1950 wird die bestehende „98er“ Sachs Kickstartervariante als Modell 730 und seit dem Jahr 1953 als Modell 100 bezeichnet. Dieses und auch das Modell 150 mit dem 147 cm^3-Sachs-Motor liefert Miele entweder als günstige Normal- oder als umfangreicher ausgestattete Exportausführung. 6 PS bei 4.500 U/min reichen für eine Geschwindigkeit von 75 km/h aus. Das neue Miele Motorrad verfügt auf Wunsch über verchromte Vorder- und Hinterradnaben und ebensolche Speichen sowie über Felgen mit breitem Mittelstrich in der Farbe des Motorrads.

Mit der Miele 50 beginnt im Jahr 1953 im Werk Bielefeld die Produktion der Moped-Klasse. Das erste Modell besitzt einen 48 cm^3-Sachs-Motor in einem offenen Spezialrahmen mit zwei doppelten Unterrohren. 1954 folgt das Moped K 50. Weitere beliebte Mode le sind die farbenfroh gestalteten und als „formschön“ und „leistungsstark“ beworbenen Mopeds vom Typ K 52 und K 52 Sport, die ab 1958 gebaut werden. Nach der Entscheidung, die Produktion von Zweirädern zugunsten von Geschirrspülern einzustellen, rollt um 1960 auch das letzte Moped aus dem Werk in Bielefeld.

Miele Zweiräder sind heute weltweit begehrte Sammlerstücke; eine Auswahl ist im firmeneigenen Museum in Gütersloh zu sehen. Seit 1924 wurden insgesamt etwa 1,2 Millionen Fahrräder verkauft. Hinzu kommen fast eine halbe Million motorisierte Zweiräder.

„Das Motorrad von großer Zuverlässigkeit und Stabiliät für hohe Ansprüche!“, wirbt Miele 1953.

Zwei Inhabergenerationen des Familienunternehmens im Jahr 1974 gemeinsam im Bild (sitzend v.l.): Rudolf Miele, Dr. Peter Zinkann, Carl Miele jun. und Kurt Christian Zinkann. Stehend Gerhard Miele (l.) und Dr. Reinhard Hector.

1954

Umsatzrekord und eine neue Generation

Der Jahresumsatz von Miele überschreitet erstmals 100 Mio. DM. Im selben Jahr tritt mit Rudolf Miele der erste Vertreter der dritten Generation in das Familienunternehmen ein. Dr. Peter Zinkann kommt 1957 zu Miele. Gemeinsam prägen sie das Unternehmen über mehr als vier Jahrzehnte, ab 1972 als geschäftsführende Gesellschafter.

Dr. Reinhard Hector, ein weiterer Enkel des Gründers Reinhard Zinkann, tritt 1959 in das Unternehmen ein, wird später ebenfalls Mitglied der Geschäftsleitung und bleibt dies bis zu seinem Tod 1985. Zweiter Geschäftsführer aus dem Kreis der Familie Miele in dritter Generation wird Gerhard Miele. Bis zu seinem Ausscheiden 2004 ist er dort für das Werk Bielefeld zuständig – eine Rolle, die er sich vorher mit Reinhard Hector geteilt hatte.

Rudolf Miele (l.)
und Dr. Peter
Zinkann, Ende der
1960er-Jahre

Gemeinsames **Wirken**

Die Ausgangssituation ist herausfordernd. Zwei herausragende Unternehmerpersönlichkeiten, die Miele über mehr als vier Jahrzehnte geführt haben – von denen eine leider schon seit 20 Jahren nicht mehr lebt. Wie wird man der gemeinsamen Lebensleistung gerecht, wenn nur noch einer für sich selbst sprechen kann? Eine Annäherung.

Ein Hauch von Ehrfurcht liegt in der Luft. Dr. Peter Zinkann hat das Unternehmen Miele als Geschäftsführer und visionärer Techniker geprägt. Über diese Zeit spricht er in seiner Bibliothek. Ein mittlerweile über 90-jähriger Mann in einem Meer aus Büchern. Ob er sie alle gelesen hat? „Also, das kann man doch wirklich nicht schaffen", sagt er mit einem Lächeln.

„Eine glückliche Zeit"

Es geht um nicht weniger als um fast 50 Jahre im Dienst von Miele. Das ist die berufliche Lebensleistung von Rudolf Miele und Peter Zinkann. Eine Ära, in der sie das Unternehmen technisch wie vertrieblich enorm weiterentwickelten, von der ostwestfälischen Bottichproduktion zum High-Tech-Hersteller von Weltrang und einer der stärksten Marken der deutschen Wirtschaftsgeschichte. Fast 50 Jahre in konsequenter Kooperation, voller gemeinsam getroffener Entscheidungen. Fast ein halbes Jahrhundert in reger Diskussion. Mit unzähligen, längst legendären Frühstückstreffen, bei denen Rudolf Miele mit einem Glas Milch und Peter Zinkann mit einer Tasse Hagebuttentee um Punkt 9 Uhr zusammenkamen, die Themen des Tages diskutierten und entschieden.

„Wir haben das selten verpasst. An 80 Prozent der Vormittage im Jahr waren wir beide anwesend. Das war wichtig. So konnten im Grunde alle Anliegen des vorangegangenen Tages zeitnah freigegeben oder eben nicht freigegeben werden. Egal, was an uns herangetragen wurde, wir haben es sofort besprochen. Dadurch waren wir ungeheuer schnell und sehr beweglich", erinnert sich Peter Zinkann. Die Zusammenarbeit mit Rudolf Miele beschreibt er als „sehr zuverlässig". „Wir haben uns immer vertragen. Vielleicht auch, weil jeder seinen klaren Bereich hatte." Und: „Es war eine glückliche Zeit." Das gemeinsame, von respektvollem Austausch geprägte und erfolgreiche Wirken endete im August 2004 jäh mit dem plötzlichen Tod von Rudolf Miele.

Erste wichtige Entscheidungen

Zu jenem Zeitpunkt hatte die Doppelspitze bereits Verstärkung bekommen. Die vierte Generation war mit Dr. Markus Miele und Dr. Reinhard Zinkann schon einige Jahre im Unternehmen und auch in der Geschäftsleitung vertreten. Mit dem früheren Bielefelder Werkleiter Wilfried Hüttemann und dem Finanzchef Horst Schübel kamen 1995 außerdem zwei langjährige enge Vertraute von Peter Zinkann beziehungsweise Rudolf Miele hinzu – als erste Nicht-Familienmitglieder in der Geschäftsleitung von Miele. 1999 zieht als Dritter im Bunde der langjährig erfolgreiche Chef der Vertriebsgesellschaft Schweiz, Dr. Reto Bazzi, in die Geschäftsleitung ein. Ob auch diese Weiche bei Milch und Hagebuttentee gestellt wurde, ist nicht überliefert.

An die näheren Umstände einer weitreichenden Entscheidung, die schon damals 35 Jahre zurückliegt, erinnert sich Peter Zinkann hingegen noch sehr gut. Sie wird in einer Zeit getroffen, in der das Werk in Bielefeld noch hauptsächlich Fahr- und Motorräder fertigt – in einem zunehmend rückläufigen Markt. „Die Leute kauften nun zunehmend Autos, und speziell die Nachfrage nach robusten Rädern für den Landmaschinenhandel ging stark zurück." Das Fahrrad sei immer mehr zum Freizeitprodukt geworden, und auch die Vertriebswege hätten sich geändert. „1959 haben Rudolf Miele und ich beschlossen: Das geht so nicht weiter. Bei so vielen Produkten gleichmäßig spitze zu sein, das funktioniert sowieso nicht." Sie legen fest, sich weiter auf Hausgeräte zu fokussieren. „Unsere erste große Weichenstellung war es, die Produktion in Bielefeld mit denselben Leuten von Fahrrädern und Mopeds auf Geschirrspülmaschinen umzustellen." Zuvor hatte Peter Zinkann bereits Miele Geschichte geschrieben, indem er die erste vollautomatische Frontlader-Waschmaschine für das Unternehmen entwickelte.

Nur wenige Jahre später, 1962, errichten Rudolf Miele und Peter Zinkann im österreichischen Bürmoos das erste Produktionswerk außerhalb Deutschlands. Damit wollen sie das Unternehmen auf das sich abzeichnende Nebeneinander der beiden europäischen Freihandelszonen EWG (mit der Bundesrepublik Deutschland) und EFTA (mit Österreich) vorbereiten. Mit dem Werk Bürmoos sichert die dritte Inhabergeneration die Präsenz im anderen Wirtschaftsraum und legt zugleich den Grundstein des internationalen Produktionsverbunds der Miele Gruppe mit heute bald 16 Werken.

Klare Arbeitsteilung

Die Aufgaben sind zwischen Rudolf Miele und Peter Zinkann von Anfang an klar abgegrenzt und die Schwerpunkte unterschiedlich. Von vornherein ergänzen sich die beiden auf kongeniale Weise: Der eine hat ein unvergleichbares Gespür für technische Entwicklungen und deren Nutzen für die Kundinnen und Kunden, der andere hat das richtige Gefühl für die weltweiten Wachstumsmärkte und wie sich diese für Miele erschließen lassen. Rudolf Miele nimmt ab 1954 in den schon immer verglasten Büros der Geschäftsführung Platz. Zu dieser Zeit ist Miele in vier Ländern außerhalb Deutschlands mit eigenen Vertriebsgesellschaften vertreten. Als Rudolf Miele 2004 stirbt, sind es 33.

Peter Zinkann stößt ab 1957 dazu und erinnert sich: „Weil Rudolf Miele damals schon auf den Vertrieb fokussiert war und ich ein Maschinenbauingenieur, hat sich unsere Zusammenarbeit von Anfang an gut gefügt. Im Rahmen dieser Arbeitsteilung war klar, wer für was zuständig war." Bei Peter Zinkann sind es die Entwicklung

Rudolf Miele,
vermutlich 1996

Peter Zinkann,
Oktober 2023

und Produktion – bei Rudolf Miele zum Beispiel Vertrieb, Werbung, Kundendienst und Logistik. Verhoben, gar verrechnet haben sich der oberste Vertriebler und der oberste Techniker so gut wie nie. Ihre Ära ist geprägt von Aufschwung, stetig wachsenden Auslandsanteilen am Umsatz und von strategischen Entscheidungen, die das Unternehmen immer weiter voranbringen, auch und gerade in der ebenso herausfordernden wie chancenreichen Zeit nach der deutschen Wiedervereinigung. Möglich machen das eine kompromisslose Hingabe zu den eigenen Aufgaben, ein klares Bekenntnis zur Premiumqualität und Kundenorientierung sowie eine wertschätzende Haltung gegenüber den Mitarbeiterinnen und Mitarbeitern.

Sowohl Rudolf Miele als auch Peter Zinkann sind Familienmenschen durch und durch, was sich auch im Umgang mit der Belegschaft deutlich bemerkbar macht. „Rudolf Mieles besondere Nähe zur Vertriebsmannschaft im In- und Ausland war allgemein bekannt. Herr Miele war oft ‚vor Ort' und kannte viele Vertriebs- und Servicemitarbeiter persönlich", erinnert sich beispielsweise Horst Schübel, seit 2009 im Ruhestand. Gerhard Verch, bis 2012 Personalchef bei Miele, schätzte die distanzierte Wärme, die Rudolf Miele ausstrahlte. Er sei ein Unternehmer gewesen, „wie er im Buche steht". Einer, der in seiner westfälischen Heimat offenbar so verwurzelt war, dass er sich schon mal selbst als „westfälische Eiche" bezeichnete, wie Horst Schübel berichtet: „Mit einer guten Bodenhaftung, langfristig denkend und auch mit einer gewissen Standfestigkeit in einer sich sehr schnell verändernden Welt."

Auf beiden Seiten der Ladebühne
Zurück in der Bibliothek von Peter Zinkann, der abschließend die unterschiedlichen Lohnkosten in Ost und West miteinander vergleicht und begründet, warum sein Partner und er sich ab Mitte der 1990er-Jahre schließlich dazu entschieden, auch in China zu produzieren und später ein Werk in Tschechien zu errichten. Für mehr als 100 Erfindungen erhielt er Patente und ist damit der produktivste Erfinder in der Geschichte von Miele. Ist er eine Lichtgestalt? Mit solchen Bezeichnungen kann er wenig anfangen: „Das sollen andere beurteilen." Dass noch lange nach seinem Ausscheiden mit 76 Jahren ein Foto von ihm bei einem Meister im Gütersloher Gerätewerk auf der Werkbank stand, bedeutet ihm dann aber doch etwas.

Wie Rudolf Miele wird auch er unvergessen bleiben, das ist gewiss. Was die beiden als Doppelspitze ausmachte? Horst Schübel, der sie über mehrere Jahrzehnte sehr nah miterlebte, formuliert es so: „Ihre Gespräche waren immer sehr höflich und nie laut. Vor allem waren sie immer von dem Bestreben geprägt, gemeinsame Lösungen zum Wohle des Unternehmens zu finden." Sicherlich – und alles andere wäre auch recht merkwürdig – habe es zu dem einen oder anderen Punkt auch mal unterschiedliche Meinungen und Einschätzungen gegeben. Dann sei offen darüber gesprochen worden; oft hätte man auch weitere Informationen eingeholt. „Es hat aber letztlich immer eine klare Entscheidung gegeben, die gemeinsam getragen und umgesetzt wurde." Dazu passt eine Formel, die Peter Zinkann einst von seinem Vater mit auf den Weg bekam: „Alles bis zur Ladebühne ist dein Reich, Peter. Alles, was jenseits dieser Ladebühne ist, ist Rudolfs Reich." Nach diesem Prinzip wurden fast 50 Unternehmensjahre gemeinsam gestaltet. Die Erfolge dieser Zeit sprechen jedenfalls für sich.

Rudolf Miele (l.)
und Peter Zinkann,
1974

RUDOLF MIELE (1929–2004) war Enkel des Gründers Carl Miele sen. Als kaufmännischer Leiter vertrat er seine Familie im Unternehmen in dritter Generation. 1954 trat er bei Miele ein und hatte bald eine prägende Rolle. Seit 1972 fungierte er auch formal als geschäftsführender Gesellschafter. Rudolf Miele zeichnete unter anderem für den Ausbau der weltweiten Vermarktung verantwortlich. Er lebte und starb in seinem Geburtsort Gütersloh.

DR. PETER CHRISTIAN ZINKANN (*1928 in Bremen) startete 1957 im Unternehmen. Er ist Enkel des Gründers Reinhard Zinkann und war in der dritten Generation der Technische Leiter des Unternehmens. Der promovierte Maschinenbauingenieur entwickelte die erste vollautomatische Miele Waschmaschine und hat Miele auf Produktseite maßgeblich geprägt. Auch er war geschäftsführender Gesellschafter seit 1972. Peter Zinkann lebt in Gütersloh.

Automatisches und kombiniertes Waschen

Wie zuvor das Bullauge ist auch der Waschvollautomat eine Neuerung, die ursprünglich aus der gewerblichen Wäschereitechnik kommt. Die ersten automatischen Waschmaschinen sind die Modelle Automatic 701 und 702, die von der Firma Constructa zugeliefert werden. Das Modell 702 ist für kleinere Gewerbebetriebe und Großhaushalte geeignet und kann auch schleudern. Dafür muss es allerdings noch mit Bodenschrauben befestigt werden. „Der ganze Kniff – nur ein Schaltergriff“, so verdeutlicht die Werbung den Vorteil des neuen Produkts.

Für kleinere Privathaushalte verbindet vorerst die Combinette Waschmaschine und Wäscheschleuder in einem Gerät, dies aber noch mit zwei Trommeln. Mit der Bewerbung als „Kleinod der Hausfrau“ betont Miele „das besonders elegante und formschöne Äußere“. Auffällig ist die Position der beiden Hebel an der Front, die an das Aussehen einer Stoßstange erinnern. Mit Maßen, die an Küchenmöbeln ausgerichtet sind, und einem Abstelldeckel als Küchenanrichte soll die Combinette auch in diesen Raum passen.

Waschvollautomat Automatic 702, Modell von 1956

Combinette 65, ca. 1959

Waschvollautomat 505, Modell von 1958

Trockner T 705, 1958

1958

Erster Waschvollautomat von Miele

Das Modell 505 vereint Waschen und Schleudern in einem Gerät – und ist der erste von Miele selbst entwickelte und produzierte Waschvollautomat. Nur Drucktasten, Temperaturvorwahl und Programmschalter sind einzustellen, alles Weitere läuft automatisch.

Die Inspiration für dieses Gerät hatte Dr. Peter Zinkann aus den USA mitgebracht. Der Waschvollautomat ist auf die Abmessung gängiger Küchenmöbel abgestimmt. Die Miele 505 nutzt das sogenannte Zweilaugen-Verfahren, bei dem nach dem Vorwaschen die Lauge abgepumpt und ersetzt wird.

Noch im selben Jahr beginnt die Produktion des ersten elektrischen Wäschetrockners für den Gewerbebereich: „Zwei Maschinen mit weniger als 2 m^2 Bodenfläche ersetzen Waschküche, Trockenboden und Waschtag!“, kündigt das Unternehmen die Gerätekombination aus Waschmaschine W 702 und Trockner T 650/T 705 an.

Zur See

1959

In einem Prospekt aus dem Jahr 1959 wirbt Miele für seine „seefesten Waschanlagen“. Bei der Entwicklung und Produktion orientiert sich das Unternehmen an den internationalen Vorschriften der Klassifikationsgesellschaften für Schifffahrt wie des Germanischen Lloyd, des Britischen Lloyd und des American Bureau of Shipping. Die schlingerfesten, marineverkabelten und mit seefesten Spezialmotoren ausgerüsteten Produkte bewähren sich auf den Weltmeeren und werden in verschiedenen Schiffskategorien eingesetzt, darunter Passagier-, Fracht-, Schul- und Forschungsschiffe sowie Tanker.

Das Unternehmen baut die Produktpalette aus, sodass ab den 1970er-Jahren neben Wäschereianlagen auch Geschirrspüler an Bord im Einsatz sind. Wartungsverträge beinhalten, dass die Reinigungsgeräte auch bei kurzen Aufenthalten in den Häfen professionell gewartet werden. Über die weltweite Miele Serviceorganisation ist Miele Marine heute in mehr als 70 Ländern und dort in fast allen Häfen erreichbar.

„Hohe Dauerleistung und geringer Platzbedarf“ – mit diesen Worten bewirbt Miele 1959 Produkte für den Einsatz auf Schiffen, darunter (v.l.) die Modelle Waschanlage TWa I S (See) Elektro, Waschanlage TWa 108 und Dampfwaschanlage TWa II.

Kalimera, Gütersloh

1960

Auf dem Höhepunkt des Wirtschaftswunders nutzt auch Miele die Möglichkeit, sogenannte Gastarbeiter anzuwerben, zunächst insbesondere aus Griechenland. Die ersten neuen Kollegen kommen 1960 nach Gütersloh, wo sie sich schnell einleben und einen wichtigen Beitrag für das weitere Unternehmenswachstum leisten.

Einer von ihnen wird nicht nur bei Miele, sondern auch in der Stadt zu einer Institution. Der ehemalige griechische Berufssoldat Achilles Emmanouil, bald „Axel“ genannt, kommt 1960 im Zuge des Anwerbeabkommens mit 7 DM in der Tasche am Hauptbahnhof in München an. 1964 bei Miele eingestellt, ist er zunächst Mitarbeiter im Emaillierwerk, dann erster Vollzeit-Sozialbetreuer des Unternehmens. Im Jahr 1973 arbeiten bereits 437 Griechinnen und Griechen bei Miele. Sie machen zu dieser Zeit mehr als 15 Prozent der gesamten Belegschaft aus. Für seine griechischen Landsfrauen und -männer fungiert Achilles Emmanouil jahrzehntelang als Ansprechpartner und Sprachrohr – und das nicht nur bei Miele. Unter der Anschrift „Axel Miele Deutschland“ erreichen ihn sogar Briefe aus der Heimat. Anfang der 1970er-Jahre gründet er die Deutsch-Griechische-Gesellschaft in Gütersloh, zu der Miele bis heute Verbindungen pflegt.

Vollautomatischer Haushaltsgeschirrspüler G 10, Modell von 1960

Vollautomatisch spülen

Zugunsten der Produktion der immer beliebter werdenden Geschirrspüler trifft Miele eine weitreichende Entscheidung: Das Unternehmen verabschiedet sich ab 1960 von der Zweiradproduktion. Zeitgleich bringt Miele als einer der ersten Hersteller in Europa eine vollautomatische Geschirrspülmaschine auf den Markt, das Modell G 10. Die rotierenden Doppelsprüharme machen Miele zu einem Wegbereiter dieser Sparte. 1961 folgt mit dem Modell G 11 eine Gewerbeausführung, die kurze Spülzeiten von zehn Minuten bei Kaltwasseranschluss beziehungsweise sieben Minuten bei Warmwasseranschluss erreicht. Die Geräte kommen aus Bielefeld.

Auch für kleine Haushalte findet Miele mit dem Tischgeschirrspüler G 25 eine Lösung. Dieses Konzept setzt sich allerdings nicht durch, sondern wird nur zwischen 1962 und 1967 produziert. Knapp drei Jahrzehnte später bietet das Unternehmen eine 45 cm breite Geschirrspülmaschine. Diese ist besonders bei Einpersonenhaushalten beliebt – und in Ländern wie Japan, wo Wohnraum knapp und teuer ist.

Miele in Laboren

Miele beginnt mit Spezialspülern für chirurgische Instrumente und Laborglas. Mit dem Geschirrspülautomat G 15 Thermo-Desinfektor folgt in der ersten Hälfte der 1960er-Jahre das erste Gerät, das in einem Arbeitsgang das Geschirr spült und auch desinfiziert – ohne zusätzliche Chemikalien, also allein mithilfe hoher Temperaturen. Dieses Gerät bewährt sich in den Stations- und Teeküchen vieler Krankenhäuser. Daneben wird mit dem Modell G 16 ein Spezialgerät zur Reinigung von Glaswaren in Laboren angeboten. Diese Produkte markieren den Einstieg in den heutigen Bereich Medizin- und Labortechnik. Gewerbespüler entwickelt Miele über die kommenden Jahrzehnte auch für andere Zielgruppen kontinuierlich weiter; heute sind die Produkte etwa in Senioreneinrichtungen, Kitas und der Gastronomie im Einsatz.

Der Thermo-Desinfektor Spülautomat für Krankenhäuser im Werbekatalog, ca. 1967

Der Waschautomat W 401 in Schmalbauweise wird zwischen 1963 und 1974 in Bürmoos produziert.

Bügeleisen sind eine Spezialität aus dem neuen Werk Bürmoos. Hier das Modell BA 12, Bauzeit ist zwischen 1967 und 1974.

1962

Produktion in Österreich

Um nicht nur in der Europäischen Wirtschaftsgemeinschaft (EWG), sondern auch innerhalb der später unter anderem von England ins Leben gerufenen Freihandelszone EFTA präsent zu sein, gründet Miele 1962 im Salzburger Land das Werk Bürmoos. Zugleich ist dies die erste Fertigung außerhalb Deutschlands. Im neuen Werk werden zunächst neben Bügeleisen unter anderem Wäscheschleudern und die Kleinraum-Waschautomaten 401 und 403 produziert. Später liegt der Fokus auf technisch anspruchsvollen Edelstahlkomponenten für Haushalts- und Medizintechnik.

0
Aus
Kochwäsche
stark
Kochwäsche
95°
Windeln
Pflegeleicht
Buntwäsche
60°
Pflegeleicht
Feinwäsche
Buntwäsche
Feinwäsche

Im Detail

Ein Drehknopf genügt

1962

Drucktasten und Schaltelemente auf der Waschmaschine werden überflüssig. Es reicht ein Drehknopf. Die sogenannte Einknopf-Automatik der Miele W 420 'de Luxe' dient dazu, das passende Programm für bis zu 4 Kilogramm Wäsche auszuwählen. Im Hintergrund kümmert sich laut Werbung ein „Elektro-Gehirn“ unter anderem um die Dauer von Wasch-, Spül- und Schleuderprogramm. „Es kann alles tun, was gut für die Wäsche ist. Nur eines nicht: sich irren!“, betont ein Prospekt von 1963. Die Vorteile: „Temperatur wählen? Unnötig! Waschzeit einstellen? Nicht erforderlich. Waschmechanik bestimmen? Überflüssig!“

Die ersten Geräte mit Drehknopf verfügen über eine Skala in quadratischer Form. Der Kreis zur Programmauswahl wird zuerst bei den Waschmaschinen für den Privathaushalt eingeführt, später auch bei den Gewerbegeräten mit größerem Trommelvolumen.

Gewerbliche Geräte in Lehrte

1965

Das Unternehmen wächst und stößt insbesondere in Gütersloh an seine Grenzen. Da trifft es sich, dass Rasierklingenpionier Gillette einen Käufer für sein Werk im niedersächsischen Lehrte sucht. Etwa 1,5 Autostunden von Gütersloh entfernt, bündelt Miele hier die Produktion seiner gewerblichen Waschmaschinen, Trockner und Melkanlagen, deren Geschichte im Unternehmen bis in die späten 1980er-Jahre reicht. Danach fokussiert sich das Werk auf seine Rolle als Kompetenzzentrum für Wäschereitechnik. Miele entwickelt und produziert hier vor allem Waschmaschinen und Trockner mit bis zu 32 Kilogramm Füllgewicht sowie Muldenmangeln.

Getriebemontage im Werk Lehrte, 1965

1966

Trocknen ohne Mutmaßen

Das Modell T 450 ist der erste Wäschetrockner von Miele für den Haushalt. Ein Jahr später folgt mit dem T 460 der erste in Europa hergestellte elektronisch gesteuerte Wäschetrockner. Kundinnen und Kunden müssen nun nicht mehr schätzen, wie lange die Wäsche zum Trocknen braucht. Stattdessen wird der gewünschte Trockengrad ausgewählt, wonach ein elektronisches Messverfahren die Feuchtigkeit der Wäsche überwacht. Es wird also nur noch so viel Strom verbraucht wie nötig – und die Wäsche so möglichst schonend getrocknet. Der erste Miele Kondenstrockner (Modell T 337 K) folgt 1973.

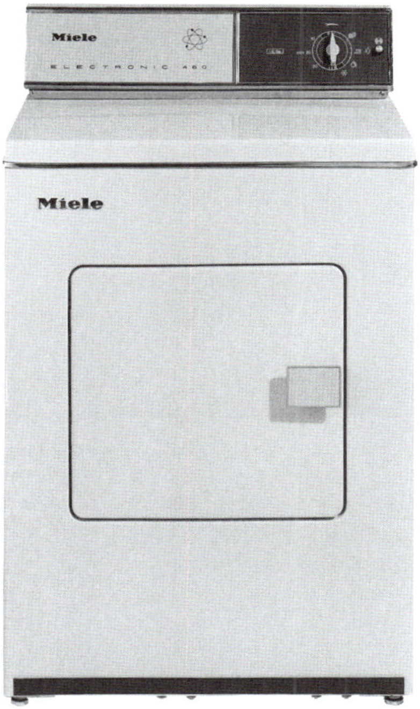

Trockner T 460,
Modell von 1967

Narzissengelb wird ab Ende der 1960er-Jahre zu einer Signalfarbe an Miele Hausgeräten, wie bei diesem Türöffner.

1968

Narzissengelb

Ende der 1960er-Jahre wird eine neue markante Farbe in die Bedienoberfläche der Geräte integriert. Der narzissengelbe Türöffnerknopf (Farbe RAL 1007) wird erstmals bei der Waschmaschine W 429 S (Baujahr 1968–1979) eingesetzt. Was damals niemand ahnt: Dieses markante optische Detail wird zu einem produktübergreifenden Erkennungszeichen, das bis heute Verwendung findet.

Aus der Werbeanzeige „Haben Sie schon mal was von Miele Geschirrspülern gehört?“, 1983

Leise Geschirrspüler

Miele überzeugt durch Spülmaschinen mit neuartigem Aufbau: Der Edelstahlspülraum und das Außengehäuse werden mit einem Schaumstoff, wie er zu dieser Zeit bei Kühlschränken verwendet wird, zu einer steifen, tragenden Einheit vergossen. Zu den Vorteilen der innovativen Verarbeitung zählen unter anderem Stabilität, Geräuschdämmung und Wärmeisolierung. In den 1990er-Jahren wird diese Technik jedoch wieder aufgegeben, um die Geräte nach der Gebrauchsphase leichter recyceln zu können.

1972

1.000 und 10.000

Das Modell W 440 ist einer der neuen Stars aus dem Werk in Gütersloh. Als erster Waschvollautomat schafft er eine Schleuderleistung von 1.000 Touren. Im selben Jahr überschreitet Miele noch eine Grenze: Erstmals arbeiten mehr als 10.000 Menschen im Unternehmen. Die Nachfrage außerhalb der damaligen Bundesrepublik spielt für das Unternehmen eine immer bedeutendere Rolle: Inzwischen werden fast 40 Prozent des Umsatzes in anderen Ländern erwirtschaftet. Ein wichtiger Faktor ist der freie Handel in der Europäischen Wirtschaftsgemeinschaft (EWG).

1973

Automatisierung in der Landwirtschaft

Auch auf dem Feld der Geräte für die Landwirtschaft, sozusagen die Keimzelle des Unternehmens, sorgt Miele weiter für Innovation – und bringt ein elektronisch gesteuertes Melksystem auf den Markt. In Kooperation mit landwirtschaftlichen Instituten aus mehreren Ländern entsteht zudem eine neue Automatik für die Reinigung der Anlagen. Durch die präzise Abstimmung der Melk- und Reinigungsautomatik sowie der Ausrüstung mit einem Elektronikpulsator wird eine deutliche Effizienzsteigerung im Betriebsablauf erzielt. 1985 folgt der Miele Melkautomat mit Mikrocomputer, der Steuer-, Prüf- und Überwachungsaufgaben beim Melken übernimmt.

Erst Ende der 1980er-Jahre verabschiedet sich Miele durch Verkauf an die damalige Westfalia Separator AG (heute GEA Westfalia Separator) von seinem Molkereimaschinen-Programm. Während damit die Ära der Produkte für die Landwirtschaft endet, geht die Fokussierung auf Haus- und Gewerbegeräte sowie Medizin- und Labortechnik weiter.

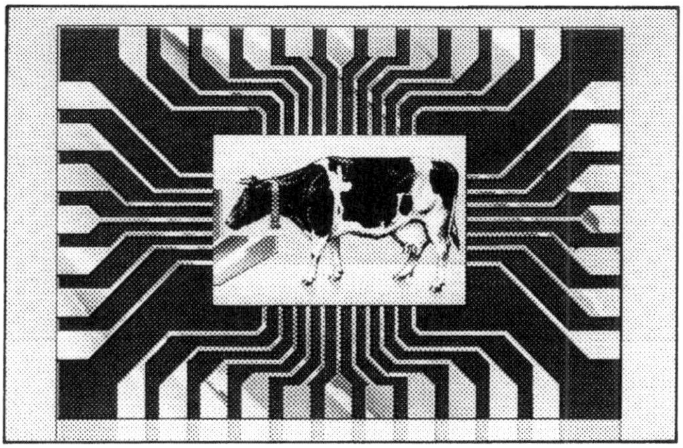

„Der Fortschritt lässt sich nicht aufhalten“, erklärt eine Werbeanzeige für die Miele Melktechnik von 1973.

1974

Miele Stiftung für Gütersloh

Zu seinem 75-jährigen Jubiläum errichtet das Unternehmen die Miele Stiftung zur Förderung des Gemeinwohls der Stadt Gütersloh. Ein Schwerpunkt liegt auf der Unterstützung junger Menschen – und hier bei der langjährigen Förderung der „Ferienspiele“, mit kostenlosen Freizeitaktivitäten wie Reiten und Tennis für Kinder und Jugendliche.

Warendorf – Expertise in Kunststoff

In Warendorf startet Miele sein sechstes Werk mit der Produktion von Kunststoffteilen. Heute beliefert das „Technology Center Plastics“ als Kompetenzzentrum für die Entwicklung und die Produktion von Kunststoffkomponenten sämtliche Gerätewerke der Miele Gruppe oder betreut diese beim Thema Kunststoff. Dazu zählen Baugruppen wie Waschmaschinentüren, Waschmitteleinspülkästen, Trocknersiebe und Bedienblenden – ein wichtiger Faktor für die produktübergreifende Qualität und Langlebigkeit der Geräte.

Farbintensiv sind die Küchen studio-m in den 1970er-Jahren, hier mit Kunststofffront.

Küchenmöbel bei Miele

1975

Ein Jahr nach dem Start der Kunststoffproduktion verlassen in Warendorf auch die ersten studio-m Einbauküchen das Werk, in der Werbung vielversprechend als „Küche der verwirklichten Ideen“ bezeichnet. Küchenmöbel als solche hatte Miele zwar schon seit 1969 im Programm – zunächst aber von der Firma nobilia aus dem Nachbarort Verl zugeliefert.

Die Produktion von Küchenmöbeln gibt Miele 2005 wieder auf, denn in den 1990er-Jahren zeigt sich ein strategisches Dilemma: Mit dem zunehmenden Erfolg der Einbaugeräte werden die Markenstudios der anderen Küchenhersteller als Vertriebskanal immer wichtiger – die Miele zugleich als Konkurrenz empfinden. Zur weiteren Stärkung des Gerätegeschäfts verkauft das Unternehmen seine Möbelsparte deshalb an eine Schweizer Industrieholding. Nach fünf Jahren Übergangszeit wird aus „Miele Die Küche“ die Marke „Warendorf“, die allerdings 2024 aufgegeben wird.

1976

Nachwuchsförderung

Miele investiert 1 Mio. DM in ein neues Ausbildungszentrum. Die Lehrwerkstatt im Stammwerk Gütersloh ist jetzt mit mehr als 100 Werkbankplätzen und Bearbeitungsmaschinen ausgestattet. Schon 1969 hatte das Unternehmen in einer Broschüre für die Ausbildungsmöglichkeiten als Werkzeugmacher, Betriebsschlosser, Dreher, Starkstromtechniker und Technischer Zeichner geworben: „Die Ausbildung erfolgt nach modernsten Grundsätzen der betrieblichen Berufsausbildung unter Anleitung besonders geschulter Ausbilder."

Mitte der 1980er-Jahre können insgesamt 18 anerkannte Ausbildungsberufe, zwölf gewerblich-technische und sechs kaufmännische, bei Miele erlernt werden. Damit das hohe Ausbildungsniveau gehalten werden kann, nehmen bereits in dieser Zeit „neue Technologien" in der Ausbildung einen breiten Raum ein. Dazu zählt beispielsweise die Arbeit am „Personalcomputer" oder die CNC-Programmierung.

Miele Lehrwerkstatt, ca. 1970er-Jahre

Das Modell M 690 ist 1977 das erste Mikrowellengerät im Sortiment von Miele.

1977

Debüt der Mikrowelle

Die Werbung der 1970er-Jahre prophezeit es bereits: „Ein Miele Gerät bleibt in einem Haushalt selten allein." 1977 ergänzt das Unternehmen sein Küchensortiment um ein erstes Mikrowellengerät. Die Mikrowelle M 690 hat zwei Leistungsstufen: 600 Watt zum Garen und Erwärmen. 200 Watt zum Auftauen. Ab 1989 bietet Miele mit dem Backofen (H 839 ME) ein Gerät mit integrierter Mikrowelle an. Auch das Erscheinungsbild der Mikrowelle geht mit der Zeit: 1996 erscheint die erste Mikrowelle von Miele im Edelstahlgewand.

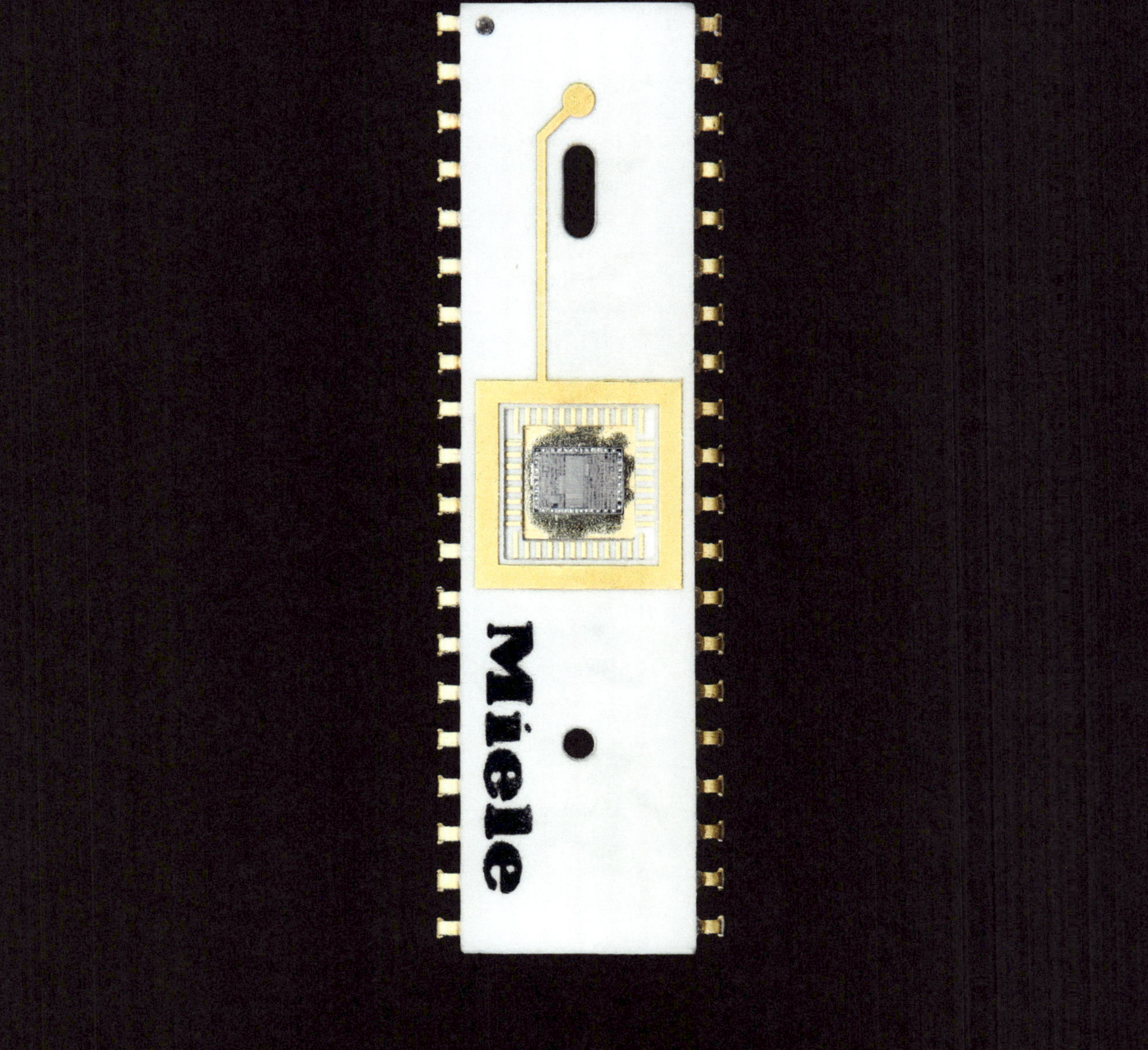
Miele

Millimeter-Arbeit

1978

Das Herzstück einer neuen Generation von Hausgeräten sorgt für Aufsehen. Ein Chip von 3,5 x 5 Millimetern Durchmesser macht aus Waschmaschinen, Wäschetrocknern und Geschirrspülmaschinen wahre Hightech-Automaten. Ihre Messepremiere erleben die Geräte mit Sensorelektronik und Sensortasten im Bedienfeld auf der Domotechnica in Köln. Dank der neuen Technologie, die zum Beispiel bei der Wahl zwischen 16 Waschprogrammen hilft, sind sie besonders leicht zu bedienen. Der Mikrocomputer überwacht außerdem präzise Temperatur sowie Trommeldrehung, verhindert Unwuchten und optimiert so die Verbrauchswerte.

Die Aufnahme des renommierten Fotografen Martin Langer zeigt Anfang der 1980er-Jahre die Produktion der Waschmaschine W 451.

Miele in Down Under

1980

In Australien gründet Miele die 16. Vertriebsgesellschaft – die erste außerhalb Europas. Zwei Jahre darauf kommt Südafrika hinzu, 1983 die USA. Damit ist Miele jetzt auf vier Kontinenten mit eigenen Vertriebsgesellschaften vertreten. Der erste Schritt nach Asien folgt 1992 mit Japan und nach Südamerika 2007 mit Chile. Der Start in Down Under erweist sich allerdings als schwierig, da dort die Vermarktung von Hausgeräten in den 1980er-Jahren vor allem über Palettenlager und Rabattschlachten erfolgt. Dem setzt Miele ab 1992 das damals revolutionäre Vertriebskonzept MCA (Miele Chartered Agency) entgegen: Hierbei tritt das Unternehmen selbst als Verkäufer auf. So bleiben Präsentation, Preise und Auslieferung der Produkte im Sinne eines hochwertigen Markenauftritts in der eigenen Hand. Der Händler vermittelt den Kauf und erhält dafür eine Provision. Auch dank MCA, das mittlerweile in weiteren Ländern wie Kanada und der Türkei ebenfalls erfolgreich etabliert ist, zählt Australien bis heute zu den umsatzstärksten Märkten des Unternehmens.

Inklusiver Anspruch

1985

Miele berichtet in seinem Informationsblatt „Miele INFO" über das Pater-Rupert-Mayer-Zentrum in Regensburg. Kinder und Jugendliche mit Beeinträchtigungen lernen dort in speziell eingerichteten Übungs- und Therapieküchen, wie sie Aufgaben in der Hausarbeit meistern können. Dabei spielen die Hausgeräte von Miele eine große Rolle, da sie sich individuellen Bedürfnissen anpassen lassen.

Für blinde Menschen stellt das Unternehmen beispielsweise durchsichtige Folien mit tastbarer Blindenschrift zur Verfügung, die auf die Bedienelemente geklebt werden. Auch eine Bügelmaschine für Rollstuhlfahrerinnen und Rollstuhlfahrer zeigt den inklusiven Anspruch von Miele bei der Entwicklung von Geräten. 2017 folgt in Zusammenarbeit mit dem Deutschen Blinden- und Sehbehindertenverband eine Waschmaschine für sehbeeinträchtigte Menschen. Das Modell GuideLine kombiniert haptische Elemente und akustische Signale.

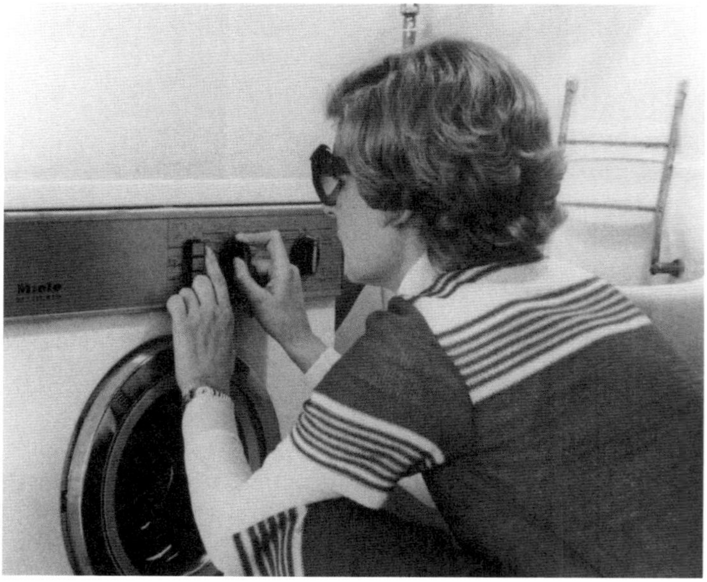

Problemlose Programmwahl für Sehbeeinträchtigte in den 1980er-Jahren: durchsichtige Folie mit Blindenschrift auf der Bedienblende

1986

Eigene Elektronikkomponenten

Miele baut die eigene Elektronikentwicklung und -fertigung auf und erweitert diese schrittweise. So lassen sich diese Komponenten besser auf die Verfahrenstechnologien der Miele Geräte abstimmen. Auch die von Miele angestrebte Lebensdauer von 20 Jahren hängt nicht zuletzt an der Qualität der Platinen.

Dass elektronisch gesteuerten Geräten die Zukunft gehört, hatte man bei Miele früh erkannt und dafür bereits Ende der 1960er-Jahre in Gütersloh eine „Elektronikabteilung“ errichtet. Später folgen die weltweit ersten computergesteuerten Waschmaschinen, Wäschetrockner und Geschirrspüler. Über Sensortasten einfach zu bedienen, bieten diese Geräte eine umfangreichere Programmauswahl als ihre Vorgänger. Sparsamer sind sie, weil Temperaturen exakt reguliert und Wasser- und Stromverbräuche programmabhängig optimiert werden können.

Das erste eigenständige Elektronikwerk entsteht 1994 in Gütersloh. Um die weiter steigende Nachfrage aus eigener Produktion bedienen zu können, folgt 2009 im rumänischen Braşov ein zweites Elektronikwerk. Heute sind beide Produktionsstätten in den Bereich Smart Home/Electronics integriert, mit zusammen mehr als 1.200 Beschäftigten.

Montage
Elektronikwerk
Gütersloh, 2005

Oelde – Kapazitäten für Kombiherde

Mit der Übernahme des Wäschepflegegeräteherstellers Cordes und seiner Belegschaft in Oelde, nur 20 Kilometer von Gütersloh entfernt, betreibt Miele ab 1986 sein nunmehr siebtes Werk. Die zusätzlichen Kapazitäten dienen dem Ausbau der Herdproduktion. Das Werk in Oelde wird zum Spezialisten für Herde, Backöfen und schließlich auch den Dialoggarer. Inzwischen bildet es mit den 1989 ergänzten Standorten in Arnsberg und Bünde die Business Unit Cooking.

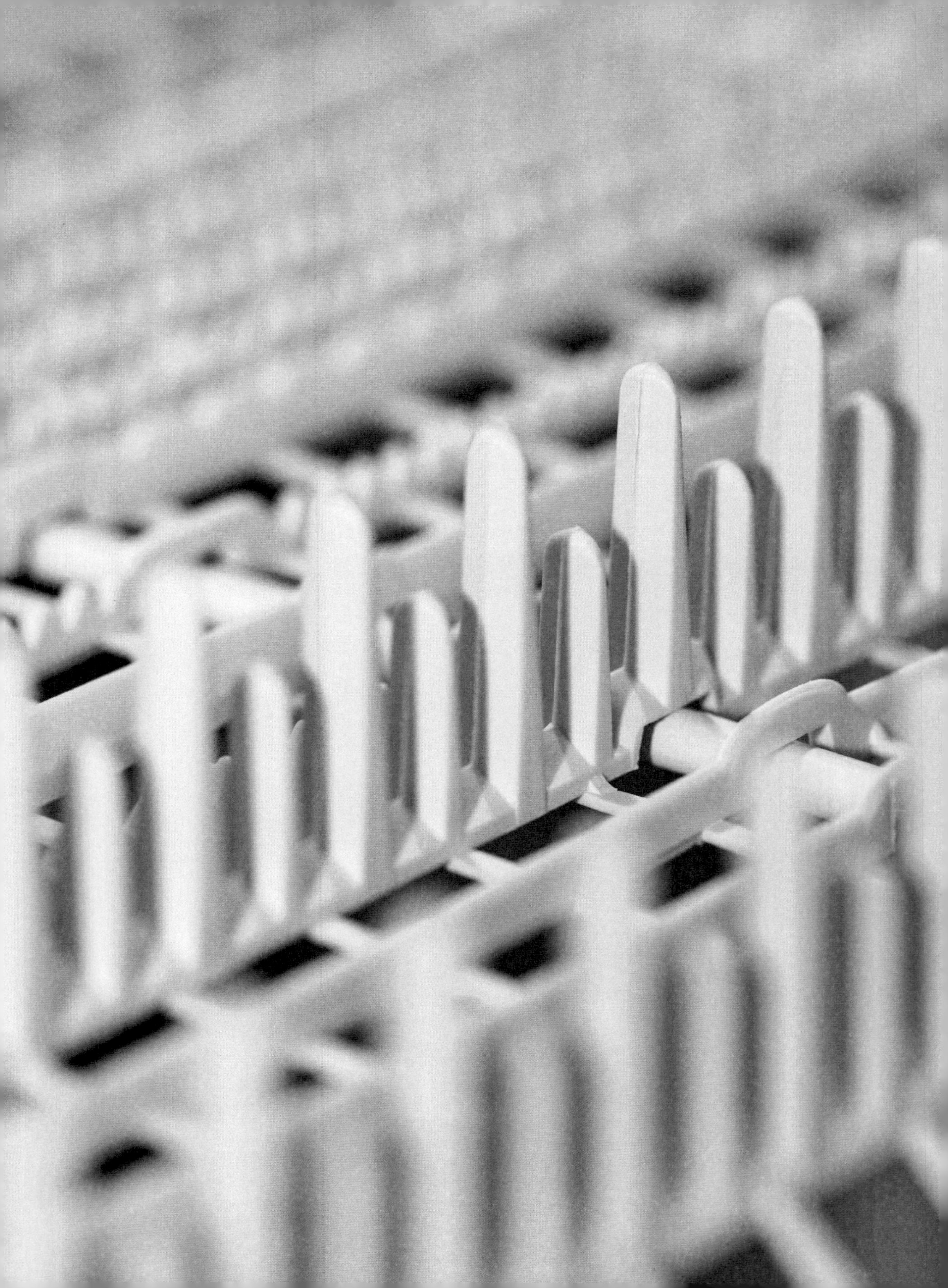

Im Detail

Dritte Etage

1987

Ende der 1980er-Jahre revolutioniert Miele die Geschirrspülmaschinen mit einem neuen Prinzip: Unter- und Oberkorb werden ab 1987 von einer Besteckschublade auf höchster Ebene ergänzt. Als Alternative zum Besteckkorb auf der unteren Spülebene lässt die dritte Spülebene das Fassungsvermögen im Spülraum um etwa 10 Prozent steigen. Komfort und Hygiene bestimmen das Einsortieren (keine verschmutzten Finger) und Ausräumen (Entnahme am Griff). Beim Spülen selbst berühren sich Löffel, Gabel und Messer nicht – sie werden rundum sauber und trocken. Bereits 1984 hatte Miele die Besteckschublade zum Patent angemeldet. Der erste Geschirrspüler mit dritter Spülebene ist der Miele G 590 SC. Er wird von 1987 bis 1995 gebaut.

Mit dieser Innovation hebt sich das Unternehmen über Jahrzehnte vom Wettbewerb ab. 2010 folgt die 3D-Besteckschublade, deren Höhe, Breite und Tiefe für größeres Besteck wie Suppenkellen oder Schneebesen verstellbar ist. Verschiebt man das linke Seitenteil, finden im Oberkorb langstielige Gläser Platz. Für noch mehr Flexibilität und Komfort sorgt ab 2018 die ebenfalls patentierte 3D-MultiFlex-Schublade: Dank abgesenkter Mittel- und Seitenteile können auch kleine Geschirrteile, etwa Espressotassen, in der Schublade platziert werden.

Geschichte zum Anfassen

1987

In Gütersloh öffnet das Miele Museum seine Pforten. 2005 wählt die Initiative „Deutschland – Land der Ideen“ es als einen der 365 Orte aus, die für Ideen und Innovationen stehen. Im Folgejahr wird es neu gestaltet und wiedereröffnet – mit einer Ausstellungsfläche von knapp 1.000 Quadratmetern und hunderten von Exponaten. Das Miele Museum zählt bis heute zu den beliebtesten Firmenmuseen Deutschlands.

Nach dem Start 1987 wird das Unternehmensmuseum im Jahr 2006 nach einer Neugestaltung wiedereröffnet. Eine „Wäschewiese“ erwartet die Besucherinnen und Besucher.

Bünde und Arnsberg – Zuwachs in der Küche

1989

Miele übernimmt die Imperial-Werke OHG mit ihren beiden Standorten Bünde und Arnsberg. Imperial ist Pionier für Dampfgaren im Haushalt sowie Miterfinder des Glaskeramik-Kochfeldes. Schon damals beliefert das Unternehmen seinen mit Abstand wichtigsten Kunden Miele mit Kochfeldern und Dunstabzugshauben. Als der Generationswechsel ansteht, ergibt sich die Möglichkeit, den innovativen Zulieferer selbst zu erwerben. Schon zuvor hatte die Kooperation mit Imperial einen wesentlichen Anteil an der Entwicklung von Miele zur Premium- und Lifestylemarke für Kücheneinbaugeräte. Zum Zeitpunkt der Übernahme entstehen bei Imperial auch Großkochanlagen für Restaurants und Kantinen, was jedoch nicht weitergeführt wird. Heute fokussiert sich Bünde auf die Kochfelder und Dampfgarer (auch mit Backofen oder Mikrowelle), Arnsberg auf die Dunstabzugshauben.

Engagement für Nachhaltigkeit forciert

Um die Bestrebungen in Sachen Nachhaltigkeit weiter zu stärken, richtet Miele ein eigenes Umweltreferat für Produkte ein. Nächste Schritte sind die Zertifizierung der Qualität von Produktion und Management bei Miele nach der Norm DIN ISO 9001 (1993) sowie der erste Umweltbericht des Unternehmens (1996), der Maßnahmen und Ergebnisse im Bereich des Umweltschutzes dokumentiert. Im gleichen Jahr wird das Umweltmanagement erstmals nach der Norm DIN ISO 14001 zertifiziert. Ein systematisches Erfassen und Verwalten von Umweltdaten an den Standorten war bereits 1970 gestartet worden.

Von West nach Ost

Mit dem Ende der deutschen Teilung knüpft Miele auch in den „neuen" Bundesländern ein flächendeckendes Händlernetz – einschließlich betriebswirtschaftlicher und technischer Schulungen für die neuen Handelspartner. Erste Verkaufsstellen, etwa für Waschmaschinen, Trockner und Staubsauger, sind Handwerksbetriebe für die Reparatur entsprechender Geräte aus DDR-Produktion. Das Miele Verkaufsbüro Hamburg zum Beispiel betreut große Teile von Mecklenburg-Vorpommern, das in Berlin Brandenburg und Sachsen. Im restaurierten Miele Haus in Leipzig wird ab 1992 ein Auslieferungslager für die Bezirke Chemnitz, Dresden und Leipzig eingerichtet.

Zeichnung des Miele Hauses in Leipzig nach Restaurierung, ca. 1990

Kleiner Unterschied, große Wirkung

Miele entwickelt neue Waschmaschinen und Wäschetrockner mit einer bedienfreundlichen schrägen Blende. Das Plus an Komfort: Aus der Vogelperspektive hat man nun freie Sicht auf die Programmbeschriftung. Bücken, um die Programmangaben zu überprüfen, war gestern.

Eine Werbebroschüre stellt 1995 fest: „Waschautomaten der neuen Generation sind durch Schrägblende noch bequemer zu bedienen."

Ein neuer Automatisierungsgrad

Mit einer Schleuderdrehzahl von 1.600 Umdrehungen pro Minute erreichen die vollelektronisch gesteuerten Waschmaschinen von Miele einen weltweiten Rekord. Das sanfte Anlaufen und die elektronische Unwuchtüberwachung schonen nicht nur die Wäsche, sie sorgen auch für einen schallgedämpften Lauf und einen sicheren Stand des Geräts.

Mit dieser Innovation bringt Miele die Novotronic-Steuerung mit SMD-Technik auf den Markt. SMD steht für Surface Mounted Device und meint oberflächenkontaktierte Bauteile. Die Schaltzentrale der Geräte besteht aus einem Mikrocomputer und ist in einer Einheit zusammengefasst. Sie bietet nahezu unbegrenzte Verknüpfungsmöglichkeiten zwischen Programm, Drehzahl und Temperatur. Ein bislang unerreichter Automatisierungsgrad, den Miele bereits ab 1987 in Eigenfertigung umsetzt, als die erste Fertigungsstraße für SMD-Technik im Gütersloher Gerätewerk in Betrieb geht.

1993

Warenumschlagplatz

Es ist die höchste Einzelinvestition in der bisherigen Unternehmensgeschichte: 120 Mio. DM kostet das neue elektronisch betriebene Warenverteilzentrum (WVZ) am Standort Gütersloh. Ab 1994 gibt es außerdem ein Vertriebs- und Servicezentrum für den Großraum Berlin.

1995

Miele und die Feuerwehr

Im Bereich gewerbliche Wäschepflege beginnt Miele Mitte der 1990er-Jahre mit den ersten Feldversuchen für die Zielgruppe Feuerwehr. Vor allem geht es dabei um die „Vorbereitung von Feuerwehr-Schutzbekleidung“. Ab 1997 taucht die brandbekämpfende Zielgruppe in der Preisliste auf; ihr wird außerdem ein eigener Prospekt gewidmet. Auch die Werkfeuerwehr Miele profitiert von den spezifischen Gerätelösungen. Der seit 2018 in verschiedenen Größen erhältliche Spezialspüler Safety zur Aufbereitung und Reinigung der Atemschutzausrüstung, darunter Masken sowie Druckluftflaschen- und Pressluftatmer-Tragegestelle, ist in der Wache am Hauptstandort Gütersloh im Einsatz. Dort war im Juni 1938 die erste „Werkfeuerschutzgruppe“ gegründet worden.

Heute sind die Werkfeuerwehr in Gütersloh sowie die Betriebsfeuerwehren an den Standorten Bielefeld und Oelde für den Brandschutz und die Sicherheit in den Werken zuständig. Sie beugen Bränden vor, überwachen Brandmeldesysteme, bekämpfen im Notfall Flammen und evakuieren Personen. Auch bei Unfällen oder chemischen Gefahren können sie eingreifen. Oftmals unterstützen die Wehren auch bei Großbränden in der Region oder im Katastrophenschutz, etwa bei Hochwasser.

Auswärtiger Einsatz der Werkfeuerwehr Miele im Raum Gütersloh, 1993

Langjährig vertraut

Seit Gründung im Jahr 1899 gehört das Unternehmen Miele den Familien Miele und Zinkann. Alle Gesellschafterinnen und Gesellschafter sind direkte Nachkommen von Carl Miele sen. oder Reinhard Zinkann, den beiden Unternehmensgründern. Auch die Geschäftsleitung besteht bisher ausschließlich aus jeweils zwei bis drei Mitgliedern der Inhaberfamilien.

Das ändert sich 1995. Der zunehmenden Größe und Komplexität des Unternehmens folgend, verbinden die Mieles und die Zinkanns familiäre Kontinuität mit familienunabhängiger Managementkapazität. So holen Rudolf Miele und Dr. Peter Zinkann mit Horst Schübel für die Finanzen und Wilfried Hüttemann für die Technik jeweils einen langjährigen engen Vertrauten zusätzlich in die Geschäftsleitung. Als Dritter im Bunde kommt 1999 für die Vermarktung Dr. Reto Bazzi hinzu, damals Chef der Vertriebsgesellschaft Schweiz, der er bis zu seinem Ausscheiden im Jahr 2011 in Personalunion auch bleiben wird. Als Wilfried Hüttemann 1998 in den Ruhestand tritt, folgt ihm, von AEG kommend, Dr. Eduard Sailer nach.

Diese Konstellation mit Reto Bazzi, Eduard Sailer und Horst Schübel an der Seite der Geschäftsführer aus den Familien hat bis 2009 Bestand, ehe Horst Schübel nach 42 Jahren in prägenden Funktionen bei Miele in den Ruhestand tritt. Reto Bazzi und Eduard Sailer folgen 2011 beziehungsweise 2016.

Die Geschäftsleitung im Jahr des 100-jährigen Jubiläums (v.l.): Dr. Eduard Sailer, Horst Schübel, Rudolf Miele, Dr. Peter Zinkann, Gerhard Miele und Wilfried Hüttemann

Dr. Eduard Sailer, Dr. Markus Miele, Olaf Bartsch, Dr. Reinhard Zinkann, Dr. Reto Bazzi (v.l.), 2009

1996

Fertigung auf neuem Kontinent

Zum ersten Mal produziert Miele außerhalb Europas – und zwar einige Modelle seiner Staubsauger. Das neue Werk im chinesischen Dongguan ist ein Joint Venture mit dem ostwestfälischen Nachbarn Melitta, der dort Kaffeemaschinen herstellt. 2009 übernimmt Miele die gemeinsame Firma ganz und zieht später in ein neu gebautes Werk um. Heute kommt etwa ein Drittel der jährlich insgesamt 2,5 Millionen Boden- und Handstaubsauger von Miele aus Dongguan. Die übrigen werden in Bielefeld produziert.

1997

Wie von Hand

Miele stellt sich der Pflege besonders herausfordernder und empfindlicher Textilien: Die erste Waschmaschine mit einem Wollprogramm, das die bislang obligatorische Handwäsche ersetzen kann, kommt aus Gütersloh.

1998

Seiner Zeit voraus: Mobiler Statusanzeiger

Mit der Weltneuheit InfoControl präsentiert Miele erstmals eine Vernetzungsanwendung für Hausgeräte: Ein kompakter Nachrichtenempfänger teilt optisch und akustisch mit, dass Waschmaschine oder Trockner ihr Programm beendet haben und erspart so manch unnützen Gang in den Keller. Dies macht Miele zu einem Vorreiter für „intelligentes Wohnen", lange bevor dies unter dem Stichwort „Smart Home" zum Trendthema wird. Der kommerzielle Erfolg bleibt InfoControl allerdings verwehrt, weil die Anwendung den Topmodellen vorbehalten ist und sich die Neigung in Grenzen hält, diversen Fernbedienungen im Haus eine weitere hinzuzufügen. Heute tragen alle Vernetzungsanwendungen das Label Miele@home.

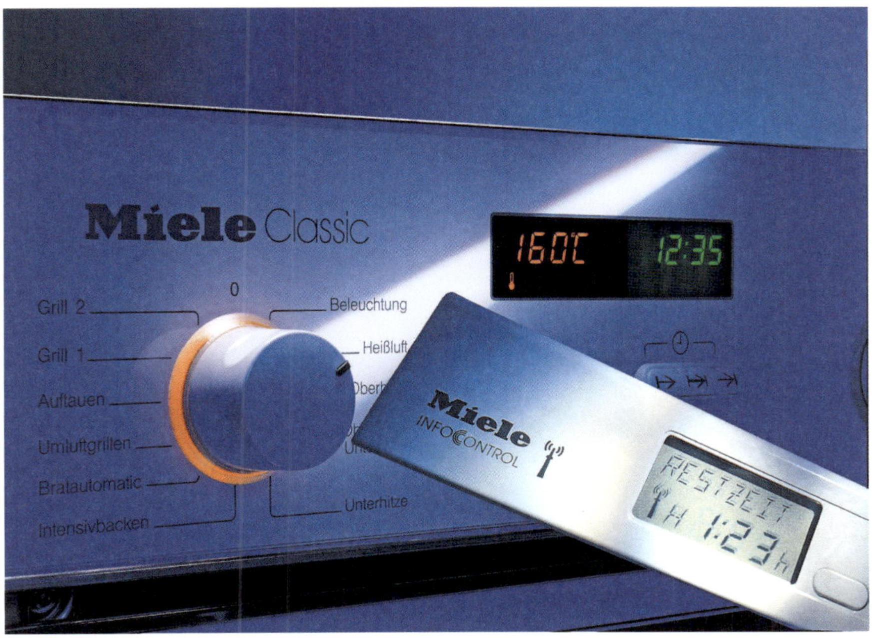

Im Vordergrund: der Nachrichtenempfänger für Hausgeräte mit InfoControl

Café au Miele

Miele bringt den weltweit ersten Einbau-Kaffeevollautomaten auf den Markt. Der erste Stand-Kaffeevollautomat des Unternehmens folgt zur IFA 2010. Neue Designlinien, Bedienkonzepte und technische Innovationen prägen das Bild der Entwicklung in den folgenden Jahren. Seit 2016 hat Miele auch eigene Kaffeemischungen im Programm – bio, fair gehandelt, sorgfältig zusammengestellt und schonend geröstet durch die Privatrösterei Vollmer in Altenberge bei Münster.

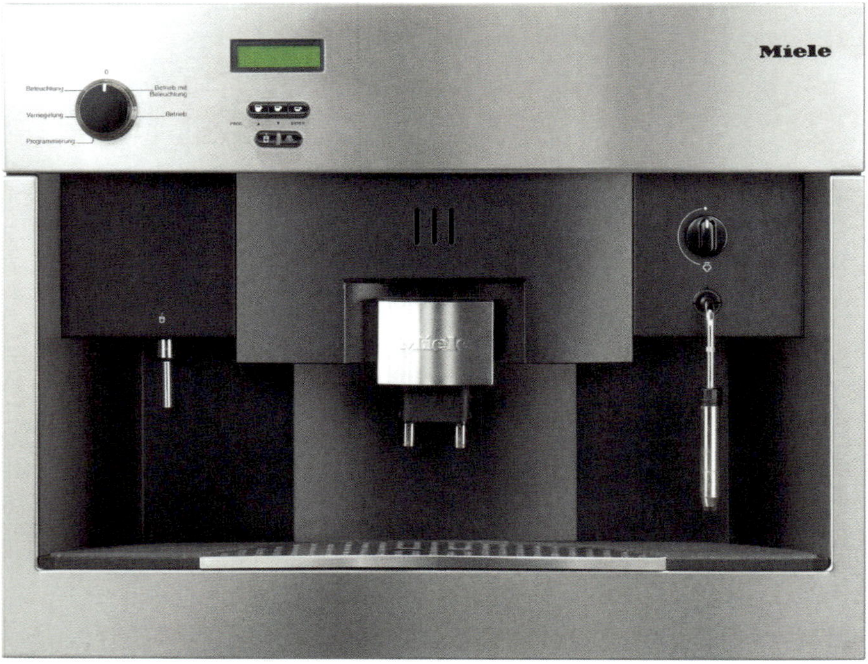

Der erste Einbau-Kaffeevollautomat ist 1998 das Modell CVA 620.

Haute Cuisine zu Hause

Über die Tochter Imperial präsentiert Miele 1998 den ersten drucklosen Einbau-Dampfgarer. Dadurch erhält die bekanntermaßen besonders schonende und bekömmliche, schmackhafte Garmethode einen kräftigen Schub. Der DG 163 kann leicht in Küchen nachgerüstet werden und ist mit einem Wassertank ausgestattet. Beim drucklosen Garen entsprechen die Garzeiten ungefähr jenen bei der Zubereitung im Topf.

Weitere Meilensteine sind wenige Jahre später die Geräte DG 1000 und DG 2000, die es wahlweise als flexibles Stand- oder als Einbau- beziehungsweise Unterbaugerät in unterschiedlichen Breiten gibt. Auch diese Modelle arbeiten drucklos und erzeugen den Dampf außerhalb des Garraums in einem Wassertank. Mit Alain Ducasse gewinnt das Unternehmen Anfang des neuen Jahrtausends einen prominenten

Befürworter des Dampfgarens und damit auch des Produkts. 2005 gibt Miele die Zwei-Marken-Strategie auf und vermarktet den Dampfgarer nur noch unter der eigenen Marke Miele.

Der DG 163 – hier in einem Auszug aus einer Werbeanzeige von 1998 – ermöglicht druckloses Dampfgaren zu Hause.

1999

Oberflächenrevolution

Im Jubiläumsjahr entwickelt Miele Produkte mit besonderer Oberflächenbeschichtung. Die Weltneuheit PerfectClean erleichtert den Küchenalltag, genauer: die Reinigung von Herd und Kochfeld. Backbleche, Back- und Bratroste sowie der Garraum verfügen nun über eine patentierte Oberflächenveredelung mit Antihafteigenschaften. Lediglich mit Spülmittellauge und weichem Schwamm lassen sich selbst hartnäckige Rückstände leicht entfernen.

Ein Jahrhundert „Immer Besser“

Zum 100-jährigen Bestehen beginnt sich auch der nächste Generationswechsel abzuzeichnen. Gründerurenkel Dr. Reinhard Zinkann, seit 1992 im Unternehmen und bis dato Geschäftsführer der Miele Tochter Imperial, wird als weiterer Vertreter seiner Familie in die Geschäftsleitung der Miele Gruppe berufen. Pünktlich zum Jubiläum kommt Dr. Markus Miele vom Autozulieferer Hella in das eigene Familienunternehmen. Mitte 2002 tritt auch er in die Geschäftsleitung ein. Zu diesem Zeitpunkt bleiben noch zwei gemeinsame Jahre mit den beiden Vätern, ehe Rudolf Miele im August 2004 plötzlich verstirbt. Zum Ende desselben Jahres beendet Dr. Peter Zinkann seine Tätigkeit als Geschäftsführer.

Zeitgeist

Etwas schaffen, das inspiriert. Vielleicht für den Moment, vielleicht über Jahrzehnte. Zeitgeist prägt uns – und wir ihn. Doch der Anspruch bleibt zeitlos.

Best of Werbung

Auch Werbung hat ihre Zeit. Eine Bilderstrecke über Wunderbares und Wundersames, zugleich ein Spaziergang durch Werbe- und Wertegeschichte im 20. Jahrhundert.

1968 | Miele Geschirrspüler verschlucken sich nicht an Essensresten. Die Beweisführung tritt eine Buttercremetorte an.

1928 | Die Milchzentrifuge Milena ist schon in den 1920er-Jahren in vielen Ländern gefragt, darunter Italien.

1926 | Melkmaschine mit den bewährten Miele Merkmalen, sagt die Werbung: „Einfach“, „Betriebssicher“, „Dauerhaft“ und „Preiswert“.

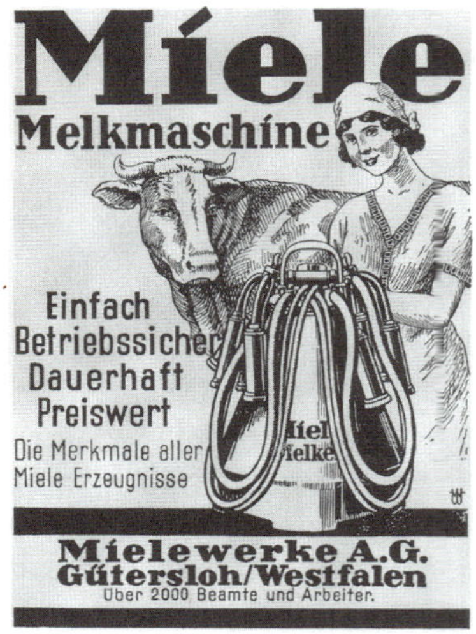

Undatiert | Überall für ihre Leistungsfähigkeit bekannt, lobt ein Prospekt für den Export von Landwirtschaftsprodukten die Miele Milchzentrifuge.

Undatiert | Eine bessere Milchzentrifuge gibt es nicht, ruft Miele in Spanien.

1956 | So lässt sich der Miele Staubsauger Modell LW auch einsetzen, zeigt ein Prospekt über Möglichkeiten der Tierpflege.

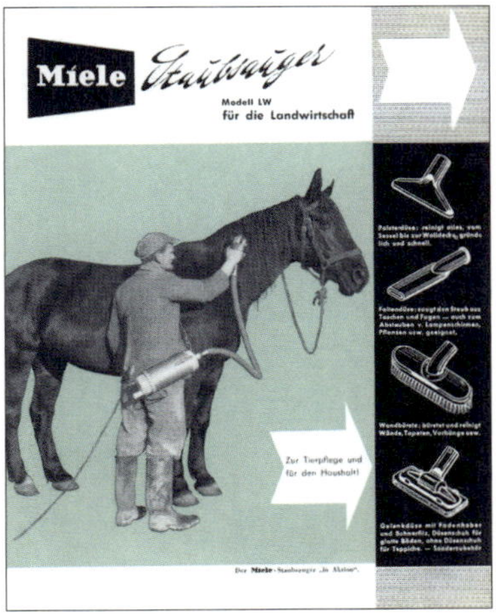

ca. 1945–1951 | Das Miele Modell L – ganz ohne Worte

1949 | 32 Kilogramm, 340 Deutsche Mark: Ein Großraum-Staubsauger „mit großem, fahrbaren Staubbehälter".

Undatiert | Flitzt auf Schritt und Tritt mit: Miele Staubsauger als „Mein Mielemobil".

Jetzt kann auch die kleinste Wohnung eine Trockenwiese haben: Den Miele Wäschetrockner.

Miele

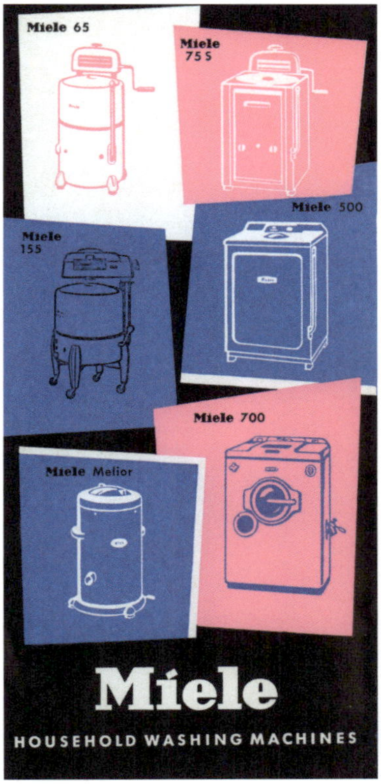

← 1950er | Schnellwaschmaschine für die Etagenwohnung, Schleuder im Nachgang oder Waschvollautomat mit Bullauge: Hinter den Nummern stecken Modelle mit besonderen Merkmalen.

1926 | Furcht vor der großen Wäsche? Nicht mehr nötig, verspricht Miele.

← 1978 | Miele ist euphorisch über den eigenen „ersten Schritt“: Hausgeräte, deren sogenannte Elektronen-Gehirne „aus der Raumfahrt-Entwicklung stammen“.

1927 | „Nur Miele Miele“. Das Lob der Tante, „die alle Waschmaschinen kannte“, wird zum legendären Werbespruch.

← 1984 | Miele lässt die Trockenwiese zu Hause einziehen.

1968 | Makelloses Wortspiel: Gegen Knitterfalten in der Wäsche hat Miele „eine glatte Lösung“.

→ ca. 1955 | Die „Waschanlagen nach Maß“ fügen sich in die Raumbedingungen ein.

1920er | Mit Kohlefeuerung oder Gas- und Elektro-Heizung: die Waschanlage Größe 0

← Undatiert | „Hohe Qualität“ für gewerbliche Wäschereien

1966 | Miele in der Sowjetunion: Waschmaschinen für den Einsatz zum Beispiel in Hotels, Kliniken und Waschsalons in Wohnblöcken

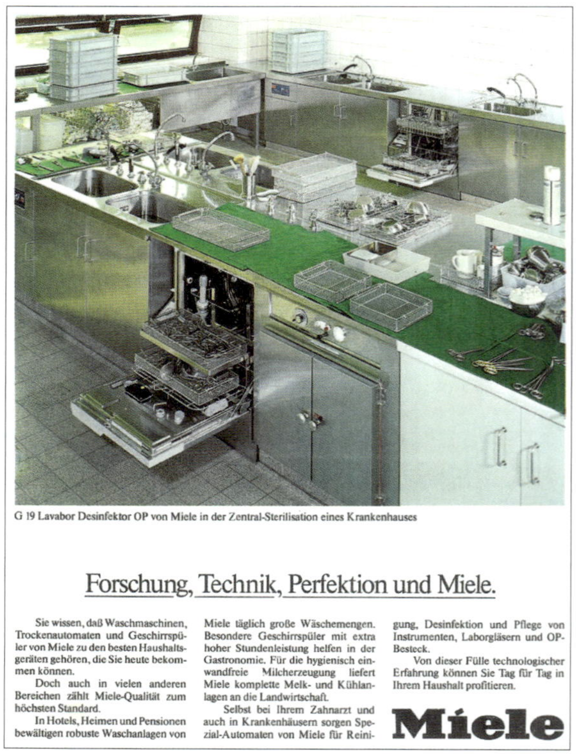

1967 | Zahnarzt oder Krankenhaus: Nicht nur im Haushalt gehört „Miele-Qualität zum höchsten Standard“. Beispiele für „Forschung, Technik, Perfektion“ wie der G 19 Lavabor Desinfektor OP in der Zentral-Sterilisation eines Krankenhauses.

Miele
Waschanlagen
nach Maß
Großwaschanlage
für 1500 Familien.
Beschreibung und
Foto siehe Rückseite.

1986/1987 | Die Schatulle öffnet sich für „Schmuckstücke“ ganz besonderer Art: die „Miele Einbaugeräte-Collection“.

1982 | „Sagen Sie, verbraucht denn so ein Geschirrspüler nicht schrecklich viel Wasser und Strom?“ Werbewortwechsel über das „Spitzenmodell“ Miele G 560, inklusive eines sogenannten Sparprogramms.

1967 | Derselbe Effekt wie ein Daumen unter dem Wasserstrahl, so „die Idee für das Breitstrahl-System" im Miele Geschirrspülautomaten.

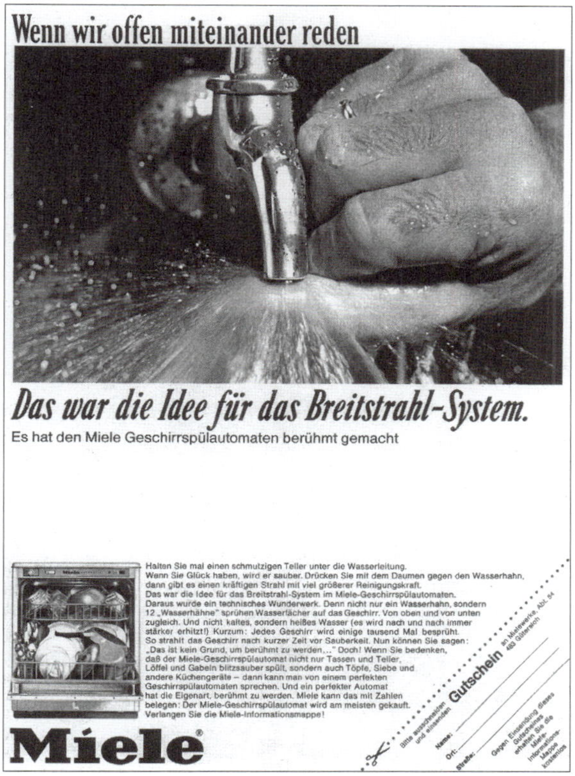

1980er | Die Aufforderung zum Lauschen: Geschirrspülmaschinen von Miele seien „Musik für Ihre Ohren".

1995 | Vielleicht im Weltall, auf der Erde gibt es aber gewiss keinen intelligenteren Herd, sagt Miele.

Gruß aus der Küche

Genusskompetenz hat viele Facetten. Bei Miele zeigt sie sich nicht nur in Premiumgeräten, die Kochen zum Erlebnis machen. Seit Jahrzehnten kooperiert das Unternehmen auch mit jenen, die dieses Erlebnis immer wieder neu definieren. Angefangen bei Alain Ducasse in Frankreich, teilen heute die Sterneköche Kyle Connaughton und Norbert Niederkofler als Markenbotschafter ihre Begeisterung für Miele. Ein Blick auf zwei inspirierende Partnerschaften.

Kochen lernte Kyle Connaughton in Japan. Bis heute ist dieser Einfluss in seiner Küche spürbar, wie beispielsweise im Gericht auf S. 178 zu sehen.

Für Kyle Connaughton und Norbert Niederkofler liegt die Küche nicht nur im Zentrum ihres Zuhauses. Auch in den Sternerestaurants der beiden ist sie kein verborgener Ort für die Gäste. Wer im „Single Thread" in Kalifornien oder im „Atelier Moessmer Norbert Niederkofler" in Südtirol speist, genießt Gerichte der Besten ihres Fachs – und kommt inspiriert in die eigene Küche zurück.

Wie man es zu Hause schafft, eine Mahlzeit mit der Sicherheit zuzubereiten, dass sie ausgezeichnet gelingt? Kyle Connaughton findet: „Es ist vor allem die Technik, die den Menschen dabei hilft, ihre Ergebnisse zu verbessern." Für die Einbaugeräte der Generation 7000 von Miele wurde er 2019 Markenbotschafter und erarbeitete Rezepte, die Spitzenküche in Alltagsküchen bringt. Wer hierfür zum Beispiel Kochfelder, Backöfen oder Dampfgarer entwickelt, sollte das Kochen verstehen, so seine Überzeugung. Von Miele fühlt er sich verstanden, auch wenn die Geräte, mit denen er kocht, auf private Haushalte ausgerichtet sind: „Wir können das als Köche spüren, wenn wir mit den Geräten arbeiten. Miele hat den Arbeitsablauf vereinfacht, sodass das Kochfeld die Temperatur nach dem Einschalten exakt steuert. Ich habe die Hitze also kontrolliert und präzise genau dort, wo ich sie brauche. Ohne Zwischenschritt." Kyle Connaughton begrüßt dieses Verständnis für seine Bedürfnisse, wenn er Töpfe und Pfannen rasch auf einem Vollflächen-Induktionskochfeld bewegen kann oder verschiedene Zutaten eines Gerichts trotz unterschiedlicher Garzeiten gleichzeitig auf den Punkt bringt.

Die Begeisterung beruht auf Gegenseitigkeit. Bei der Wahl seiner Kooperationspartner ist Miele zu jeder Zeit anspruchsvoll. Die Zusammenarbeit soll eine langfristige sein. Man bleibt sich treu. „Wir setzen auf exklusive und authentische Partnerschaften – basierend auf gemeinsamen Werten", beschreibt es Dr. Axel Kniehl, seit 2014 Geschäftsführer Marketing & Sales. „Spitzenköche wie Kyle und Norbert haben wir kennengelernt, lange bevor sie berühmt wurden. Heute verbindet uns auch eine Freundschaft."

Selbstverpflichtung

Um diese gegenseitige Begeisterung, aber auch diese gemeinsamen Überzeugungen zu verstehen, muss man einen tieferen Blick in die Küchen von Connaughton und Niederkofler werfen. Hier werden ihre eigenen Interpretationen und Visionen von „Immer Besser" sichtbar. Für Norbert Niederkofler beginnt die Genusskultur bei den Zutaten: „Kochen fängt in der Natur an." Seine Philosophie „Cook the Mountain" startete er mit einem Blatt Papier, auf dem er die Schranken seiner Küche aufstellte. Keine Gewächshäuser, keine Zitrusfrüchte, kein Olivenöl. Ausschließlich regionale Produkte zuzulassen, bedeutet, sich 100 Prozent der Natur anzuvertrauen. Es bedeutet enorm viel Planung, aufrichtige Partnerschaften mit inzwischen 50 Bauernhöfen und Produzenten der Umgebung, das kulinarische Wandern durch viele Täler und auf unterschiedlichen Höhen. „Wir müssen schauen, wann die Natur wo anfängt zu wachsen, wann sie wo aufwacht." Umso sorgsamer sind die Wintermonate vorzubereiten.

Auch Kyle Connaughton startet die Kreation seiner Gerichte draußen. Die eigene Farm in Kalifornien und das Restaurant „Single Thread", beides leitet er mit seiner Frau, sind nur wenige Kilometer voneinander entfernt. Nachhaltige Partner liefern Fisch und Fleisch. So zu kochen erfordert sowohl Voraussicht als auch Spontanität. „Für uns beginnt die Kreativität beim Kochen auf dem Bauernhof. Nur was wir dort ernten, können wir auf der Speisekarte anbieten." Die Connaughtons eröffnen ihr Restaurant 2016, schon zwei Jahre später werden sie mit dem „Miele One to Watch Award at The World's 50 Best Restaurants" ausgezeichnet. Für Kyle Connaughton eine einzigartige Chance: „Als junges Restaurant konnten wir der Welt zeigen, was wir können."

Perfektion

Kyle Connaughton erlernte sein Handwerk in Japan. Er blieb der japanischen Küche stets verbunden, sie inspiriert nicht nur seine Gerichte, sondern die gemeinsame Kultur des Kochens. „Unser tägliches Mantra leitet sich vom japanischen Wort ‚Kaizen' ab, das kontinuierliche Verbesserung bedeutet. Jeden Tag sprechen wir im gesamten Team darüber, was wir gemeinsam verbessern können, und identifizieren positive Veränderungen." Mit seinem Team sucht er nicht nach großen Veränderungen über Nacht, sondern schätzt die kleinen Ideen. „Manche davon fallen vielleicht niemandem auf, aber tragen dazu bei, das Ganze ein bisschen

Keine Zitrusfrüchte, kein Olivenöl: In Norbert Niederkoflers Küche wird nur das verarbeitet, was ihm die Natur in seiner Heimat Südtirol zur Verfügung stellt.

besser zu machen. Alle zusammen bewirken Großes, und irgendwann blickst du zurück und sagst: ‚Wow, wir sind so weit gekommen, weil wir jeden Tag diese kleinen Veränderungen gemacht haben.'“

Wer ein Gericht auf zwei, drei Bestandteile reduziert, weiß um die Perfektion im Detail. Hier lässt sich nichts verbergen. „Alles, was extrem einfach aussieht, ist extrem schwierig“, sagt Norbert Niederkofler. Er vergleicht das Kochen mit dem Komponieren: „Es gibt nur eine bestimmte Zahl von Noten. Was daraus gemacht wird, das ist faszinierend.“ Eine der Regeln, denen Norbert Niederkofler in seinen Kompositionen folgt, ist radikal: Was in seiner Küche als Nahrungsmittel ankommt, kommt früher oder später vollständig auf den Tisch. From nose to tail. So auch bei den „Miele Chef Stories 2022“, ein Format, mit dem Miele Spitzenkochkunst für Gäste in privater Atmosphäre erlebbar macht und bei dem Norbert Niederkofler nicht nur ein Tatar von der Renke, sondern auch ihre frittierten Schuppen servierte. Seine Sterneküche spaziert durch die Jahreszeiten. Während es im Winter dunkle Farben und ein intensiver, kräftiger Geschmack sind, folgen im Frühjahr die ersten kleinen Blüten und leichten Aromen. „Wie kann ich die einfangen? Mit unterschiedlichen Techniken. Deswegen ist auch die Technik, die in den Geräten drin ist, extrem wichtig.“

Hingabe

„Immer Besser“ – das sei ein komplexer Anspruch, findet Norbert Niederkofler, dem er sich selbst immer wieder stellt. „Es ist keine leichte Aufgabe, Dinge zu verbessern, die schon sehr, sehr gut sind.“ Sich nicht auf dem auszuruhen, was bereits erreicht ist, diesen Antrieb, diese Hingabe entdeckt Miele immer wieder in der Spitzenküche. Auch hier ist es die Qualität, die alles zusammenhält. „Es ist auch ein Bekenntnis zur Innovation und dazu, den Dingen auf den Grund zu gehen und nicht nur Trends hinterherzulaufen“, so Kyle Connaughton. „Es ist nicht das Gefühl, der Erste sein zu müssen. Es geht darum, der Beste zu sein. Das ist etwas, mit dem wir uns wirklich identifizieren können.“ Zurück in der Küche, im Epizentrum des Zuhauses. Was kochen Sterneköche daheim, wenn private Gäste klingeln? Kyle Connaughton denkt sogleich an „donabes, hot pots Japanese style“ (Gerichte im traditionellen japanischen Tontopf Donabe). Denn: Diese werden gleichzeitig serviert, alle versammeln sich um den Tisch und teilen. „Wir erleben diesen Moment gemeinsam.“ Norbert Niederkofler wählt zum Beispiel Risotto oder Lasagne – Hauptsache, es lässt sich gut vorbereiten. Wenn die Gäste da sind, möchte er Zeit haben. Gemeinsam einen Aperitif in der Küche zubereiten, versammelt um die Arbeitsinsel in der Mitte, während die Einbaugeräte von Miele den letzten Schritt für das erstklassige Essen übernehmen.

2002 promotet der französische Sternekoch Alain Ducasse (l.) mit Rudolf Miele das Dampfgaren als schonende Form der Zubereitung. Wenige Jahre zuvor, 1998, hatte Miele den ersten drucklosen Dampfgarer für den Haushalt auf den Markt gebracht.

Ein Salat aus Beeren, Früchten und Blumen, die im Frühling in Südtirol zu finden sind. Im „Atelier Moessmer Norbert Niederkofler“ werden sie als erfrischendes Dessert serviert.

„Wir setzen auf exklusive und authentische Partnerschaften – basierend auf **gemeinsamen Werten**.“

Axel Kniehl
Geschäftsführer Marketing & Sales

Wandel

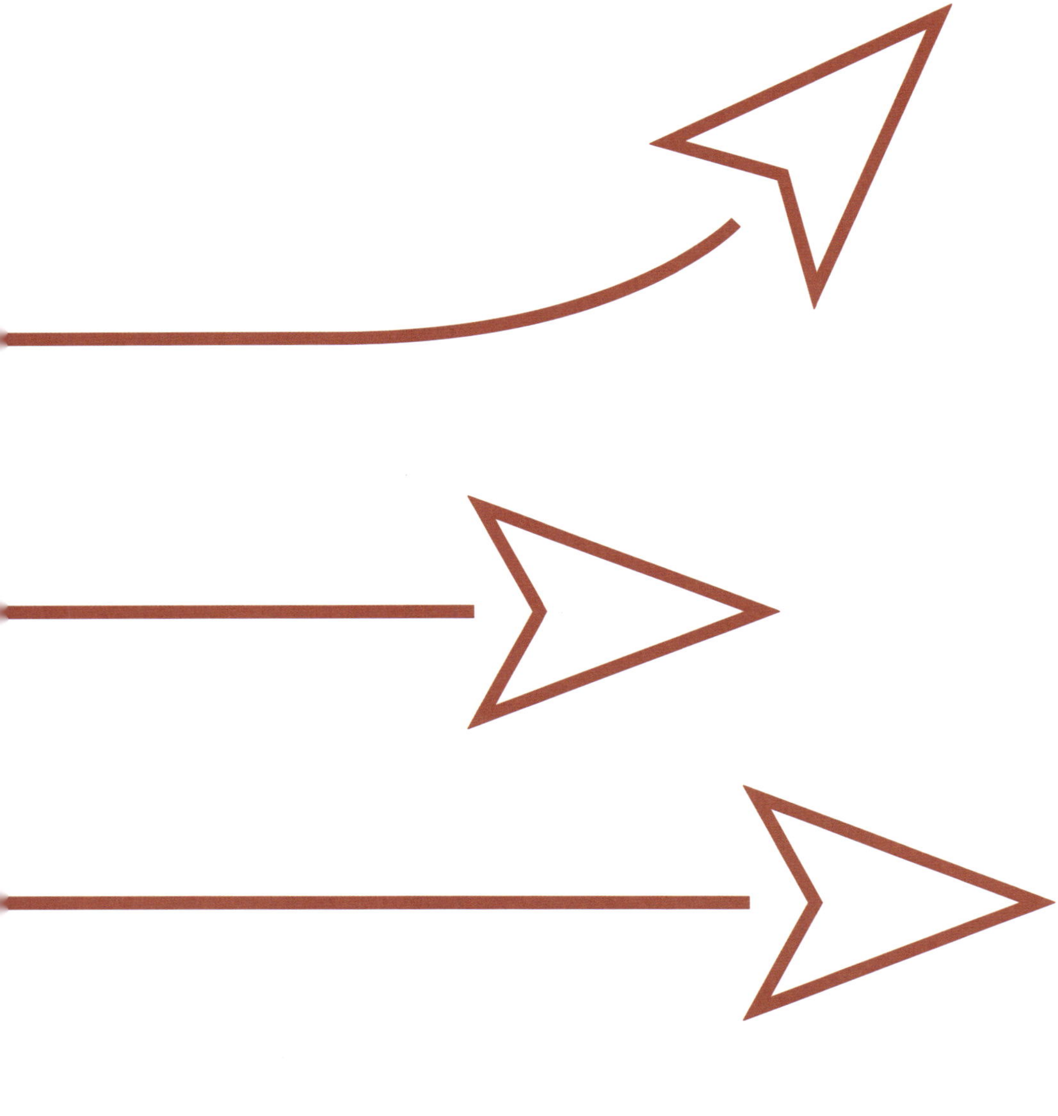

willkommen

Veränderung lockt aus Komfortzonen und ist nicht immer beliebt – aus Angst vorm Scheitern, vor Überanstrengung oder vor sozialer Ablehnung. Das gilt auch für Traditionsunternehmen. Daher sollte Veränderung mit Bedacht gestaltet werden. Mit dem „Pioneering Compass" zeigt Miele die strategischen Entwicklungsbereiche und Chancen des Wandels auf. Ergänzend ermuntert eine interne Initiative dazu, alte Denkweisen zu hinterfragen. Schlaglichter auf eine sich verändernde Unternehmenskultur.

Wie bleibt Geradlinigkeit im Handeln in einer immer dynamischeren Welt? Wie lebt sich Verbindlichkeit in Beziehungen angesichts globaler Verwerfungen? Und wie reagiert das Versprechen der Langlebigkeit auf zunehmende Unvorhersehbarkeit? Kurzum: Wie meistert Miele Wandel und Krisen, bleibt ein unabhängiges Familienunternehmen und sich selbst treu? Es sind herausfordernde Zeiten, die eine langfristige Vision und auch ein kulturelles Umdenken erfordern. Das antizipiert der im Rahmen der globalen Unternehmensstrategie 2021 aufgesetzte und implementierte „Pioneering Compass". Er platziert „Immer Besser" auf vier Säulen, die ihren Widerhall in den Produkt- und Marktstrategien finden. Dabei rücken Kunden, Belegschaft, Nachhaltigkeit und Leistungsfähigkeit gleichermaßen in den Fokus – und geben Mitarbeiterinnen und Mitarbeitern Ziele und Konzepte an die Hand, um die eigenen Arbeitsinhalte zukunftsfähig zu gestalten. Dabei geht es um die Frage, wie Miele die Kundinnen und Kunden im Premiumsegment fortwährend erfreuen und überraschen kann. Wie die Überwindung hierarchischer Verhaltensmuster zu neuen Ideen führen kann. Und es geht um das Versprechen, sich weiterhin der Langlebigkeit von Produkten und der sozialen Verantwortung zu verschreiben und bei all dem global wettbewerbsfähig zu bleiben.

Offensiv und entschlossen

Es laute „Immer Besser", nicht „Immer Gleich", bekräftigt Rebecca Steinhage, Geschäftsführerin Human Resources & Corporate Affairs: „Es beginnt mit unserer inneren Einstellung und unserem Verhalten. Denn unser Verhalten ist immer auch ein Spiegel der Zeit, in der wir leben. Die Verhaltensweisen der Vergangenheit haben gut in ihrer Zeit funktioniert; sie allein werden uns in der Zukunft aber nicht zufrieden, glücklich oder erfolgreich machen." In dieser Phase der Disruption gestaltet Miele das eigene Spielfeld neu, auf dem es als Unternehmen und Arbeitgeber agieren will. Der Rahmen dafür ist gesteckt: Die bekannten großen unternehmerischen Herausforderungen Demografie, Digitalisierung und Nachhaltigkeit werden durch globale Krisen begleitet und intensiviert. Sie alle verändern nachhaltig Arbeitswelten und -weisen.

„Pioneering Compass" – der Titel kommt nicht von ungefähr. Die Zukunft von Miele braucht nach wie vor Pioniergeist und versteht „Immer Besser" als Wegweiser des eigenen Handelns. Der kulturelle Werkzeugkasten „Miele Creators' Culture" knüpft seit einigen Jahren dabei nicht nur strategisch an diesen Richtungsgeber an. In einem Unternehmen, in dem Mitarbeiterinnen und Mitarbeiter zu „Creators of Quality" werden, ist

Feierlichkeiten zum Chinese New Year bei Miele X in Amsterdam. Miele X ist eine der ersten sogenannten Zentralfunktionen in der Unternehmensgeschichte, die außerhalb Deutschlands sitzt.

Unternehmenskultur eben vor allem eine Kultur der Gestaltenden und der Qualität. Eine, die nun neuen Rahmenbedingungen entgegenblickt, die offensiv und entschlossen einen Kulturwandel ins Rollen bringen will: Wer die Zukunft von Miele mitgestalten möchte, braucht Agilität und Lernbereitschaft, muss sich auf den Wandel einlassen, auf neue Arbeitsweisen einstellen, sich aber auch gewöhnen an eine neue Transparenz, die auch Unbequemes zutage fördert. Nur so gelingt ein nachhaltiges „Immer Besser".

Eine Erkenntnis: Leistung zählt. Und sie geht jeden etwas an. Der Ansatz: Noch ehrlicher und konstruktiver miteinander in den vertrauensvollen Dialog zu treten, wenn es um das tatsächlich Erreichte geht. Aussprechen, was einen bewegt, um neue Lösungswege zu finden. Dazu bietet Miele verschiedenste Hebel an, die jede und jeder für sich betätigen darf. Relevanz und Selbstreflexion sind die Maximen der Stunde: Was kann ich in meinem Arbeitsumfeld oder für die Kundinnen und Kunden anders, vor allem besser machen? Wie kann ich mich im Sinne des Großen und Ganzen weiterentwickeln? Dazu will Miele seinen Pionierinnen und Pionieren, seinen Qualitätsmacherinnen und -machern mehr Freiräume schaffen und mehr Verantwortung übertragen.

Diversität nutzen und Kunden begeistern

Auch das Ineinandergreifen diverser Teams soll mit der neuen „Miele Creators' Culture" forciert werden, weil lokale und globale Netzwerke als Schlüssel für zukünftigen Erfolg gesehen werden. Gelebt wird das bereits heute an unterschiedlichen Stellen im Unternehmen. Nicht zuletzt bei Miele X in Amsterdam, wo alle digitalen Verkaufsplattformen

Chinese New Year
haow
Happy
CTOUCH

Program settings
292°

„Nicht jeder mag Veränderung, aber **wir alle brauchen sie**."

REBECCA STEINHAGE
GESCHÄFTSFÜHRERIN HUMAN RESOURCES & CORPORATE AFFAIRS

Gestern Konstrukteure am Reißbrett, heute UX Concepter des User Interfaces einer App. Auch wie Ideen Gestalt annehmen, hat sich über die Jahre verändert.

orchestriert werden und Kundenbegeisterung digital Gestalt annimmt. Der Standort stellt zusammen mit der Miele Global Services Gesellschaft im polnischen Poznań die erste sogenannte Zentralfunktion in der Firmengeschichte mit Sitz außerhalb Deutschlands dar. Zufriedene, vor allem begeisterte Kundinnen und Kunden sind und bleiben die unternehmensweite Zielsetzung. Darum kümmert sich unter anderem ein Customer Experience Team in Gütersloh. Stand bislang vor allem das Produkt in all seiner Qualität im Mittelpunkt, rückt die Perspektive für die gesamte Customer Journey mit ihren digitalen Touchpoints immer mehr in den Fokus. Dieses neue Mindset bei allen Beschäftigten hervorzubringen, zeugt auch von einer sich wandelnden Kultur und fordert heraus.

Im „Valley" in Amsterdam erprobt Miele zum Beispiel eine besondere Arbeitsumgebung. Im Selbstverständnis mehr Gemeinschafts- denn Arbeitsraum bietet das Zuhause von Miele X Mitarbeiterinnen und Mitarbeitern auch Apartments an, wo man sich morgens schon beim Frühstück und abends zum Teambuilding trifft. Auf 2.250 m² voller Grün kommen Expertinnen und Experten aus mehr als 40 Nationen weltweit zusammen. Das „Valley" gilt als eine der modernsten Arbeitswelten Europas, bezogen auf Arbeitskultur und Effizienz. Das gemeinsame Ziel: Die Organisation in ihrer Digitalisierung zehn Schritte voranzubringen und integrativ alle mitzunehmen, für alle da zu sein.

Unterschiedliche Perspektiven feiern

Das Gesicht der Zukunft von Miele wird noch internationaler sein. Die damit einhergehende Perspektivenvielfalt ist ein weiterer Hebel, mit dem die Weichen für die Zukunft gestellt werden. In der „Miele Creators' Culture" heißt es dazu unter dem Leitspruch „Minds wide open": „Unterschiedliche Menschen, vielfältige Meinungen, bessere Lösungen. Um unser volles Potenzial zu entfalten, fördern wir das Engagement aller Mitarbeitenden und schätzen unterschiedliche Perspektiven."

Natürlich passen nicht alle Zielvorgaben zu jeder der vielen unterschiedlichen Arbeitswelten, die es im Unternehmen weltweit gibt. Auch die Schwerpunkte der Umsetzung variieren, je nach Standort und Anforderung. Kultur, überhaupt neue Arbeits- und Denkweisen, müssen gelebt und in der Praxis erprobt werden. Entlang konkreter Themen, inmitten realer betrieblicher Umgebung, die gerade wegen ihres Facettenreichtums eine kontinuierliche Entwicklung braucht. Nur so kann der kulturelle Wandel umfassend gelingen. Wie erfolgreich Miele es mit der Zukunft aufnehmen wird, ist schlussendlich auch eine Frage der Geschwindigkeit, nicht zuletzt der Dringlichkeit. „Nicht jeder mag Veränderung, aber wir alle brauchen sie", sagt Rebecca Steinhage. Was dabei hilft, diese Situation zu meistern? „Selbstvertrauen, Mut und Zuversicht. Womöglich braucht es auch eine Prise unserer berüchtigten westfälischen Sturheit, die zum Dranbleiben motiviert und uns daran erinnert, warum wir ‚Immer Besser' sind."

2000

2024

„Immer Besser" im 21. Jahrhundert. Miele begegnet den Herausforderungen und nutzt seine Chancen in einer Welt, die sich rasant verändert. **Innovationen im Zeitalter neuer Technologien** und einer weltweiten digitalen Vernetzung: Garen ohne Hitze, Saugen ohne Kabel, Öffnen von Einbaugeräten ohne Griff.

Zwischen New Work, Internet of Things, Smart Home und gesellschaftlichen Umbrüchen geht es darum, **die Zukunft zu gestalten** – von Produkten und Märkten, aber auch in neuer Aufstellung. Einblicke in eine Geschichte, an der noch geschrieben wird.

Das neue Jahrtausend beginnt aufmerksamkeitsstark mit einer augenzwinkernden Kampagne. Miele erhält außerdem den Deutschen Marketingpreis. Hierfür laut Jury unter anderem entscheidend: die konsequente Premium-Strategie. Hinzu kommen im Jahr 2000 mehrere Siege bei der Stiftung Warentest, zum Beispiel für den Bodenstaubsauger S 548 oder den Geschirrspüler G 686 SCi.

Miele
IMMER BESSER
m Mielennium.

Im Detail

Schonende Waben

2001

100 Jahre nach Einführung seiner ersten Waschmaschine Meteor läutet Miele ein neues Zeitalter der Wäschepflege ein: Die Schontrommel kommt auf den Markt, Herzstück der neuen Waschmaschine Softtronic W 487 WP. Bereits 1997 hatte das Unternehmen für Europa das Patent für die neue Trommel mit nach innen gewölbter, wabenförmiger Oberfläche angemeldet. Auf den leicht gewölbten Kissen der Wabenanordnung bildet sich ein Wasserfilm, der die Wäsche sanft gleiten lässt. Auch das Verfahren zur Herstellung der Wabenstruktur lässt Miele patentieren. In der neuen Schontrommel befinden sich deutlich weniger und kleinere Löcher als in Vorgängertrommeln. 2003 erhält die Schontrommel aus expandiertem Chromstahl den Stahl-Innovationspreis.

Form und Funktion von Waschmaschinentrommeln sind für Miele seit Jahrzehnten Gegenstand kontinuierlicher Innovation: Die erste expandierte Trommel des Unternehmens erscheint 1971 auf dem Markt. Hierbei wird der Durchmesser der in der Trommelwand integrierten Löcher durch ein Spezialwerkzeug von innen heraus von 4,6 auf 4,8 Millimeter vergrößert, und das Material der Trommel weiter gefestigt. 1999 führt Miele die Feinlochtrommel ein, dabei war der Durchmesser der Löcher auf 2,3 Millimeter verkleinert worden.

2013 zur IFA stellt Miele mit der neuen Waschmaschinengeneration W1 die Thermo-Schontrommel vor. Das Besondere: Die Trommelwand erwärmt sich und glättet die Wäsche dadurch bereits in der Waschmaschine. Durch die stärkere Innenwölbung der vergrößerten Waben kann das Wasser außerdem besser abfließen, was wiederum die Schleuderwirkung erhöht.

Der erste Nachhaltigkeitsbericht

2002

An die Stelle des Umweltberichts tritt der deutlich aufwendiger konzipierte und umgesetzte Nachhaltigkeitsbericht. Er bietet umfassende Informationen über die Aktivitäten für den Umweltschutz an allen Werkstandorten und stellt zum ersten Mal auch die Bereiche Menschen und Soziales dar. Bereits zwei Jahre darauf tritt Miele dem Global Compact Netzwerk der Vereinten Nationen bei, das Unternehmen dabei unterstützt, Nachhaltigkeit strategisch zu verankern. 2008 wird Miele als eines der ersten deutschen Unternehmen nach dem international anerkannten Sozialstandard SA8000 zertifiziert, der die Verbesserung der Arbeitsbedingungen zum Ziel hat. Auch alle Lieferanten weltweit müssen sich verpflichten, im eigenen Betrieb die Kriterien zu erfüllen und ebenso bei ihren Zulieferern auf deren Einhaltung zu achten. Bis heute ist Miele eines von nur wenigen Unternehmen in Deutschland, das über diese Zertifizierung verfügt.

Titelbild des ersten Nachhaltigkeitsberichts von Miele

Produktion in Tschechien

2004

Miele erschließt Anfang der 2000er-Jahre nicht nur neue Märkte in Wachstumsregionen. 2004 beginnt das Unternehmen mit der Produktion im tschechischen Uničov. Hier entstehen zum Beispiel Waschmaschinen und Trockner für Kleingewerbe sowie Geschirrspüler. Nach der Eröffnung von Werken in Österreich 1962 und China 1996 ist es der dritte Fertigungsstandort außerhalb Deutschlands. 2013 wird die Produktion der Wäschetrockner von Gütersloh nach Uničov verlagert, während umgekehrt die Waschmaschinen für Kleingewerbe nach Gütersloh gehen.

Innovation in der Medizintechnik

Miele bringt ein neues Verfahren für die Reinigung medizinischer Instrumente auf den Markt, deren Aufbereitung durch das Robert-Koch-Institut als kritisch eingestuft wird. Das Verfahren Oxivario Plus wirkt unter anderem gegen die Erreger der Creutzfeldt-Jakob-Krankheit.

2006

Backofen als Beobachtungsstation

Einen weiteren Komfortgewinn im Haushalt verspricht die Funktion SuperVision: Sie zeigt im Backofendisplay den Status aller vernetzten Miele Geräte im Haushalt an, ohne dass dafür der Anschluss an das Internet nötig ist – denn die Geräte kommunizieren über das Stromnetz miteinander. Diesem Prinzip folgt ab 2008 auch die Funktion Con@ctivity: Hier passt sich die Dunstabzugshaube automatisch dem aktuellen Kochgeschehen an und erhöht beispielsweise die Leistung, wenn ein zweiter oder dritter Topf hinzukommen. Nach der Zubereitung schaltet sich die Haube nach einer gewissen Nachlaufzeit selbstständig aus.

Dank Con@ctivity kommunizieren Dunstabzugshaube und Kochfeld miteinander, 2008.

2007

Smarte Services

Das iPhone von Apple verändert die Welt und verleiht auch den smarten Hausgeräten einen Schub. Erstmals lassen sich völlig unterschiedliche technische Produkte mit einer App kontrollieren und später auch steuern. Den Anfang macht 2010 InfoControl+: Wer unsicher ist, ob er den Herd ausgeschaltet hat, kann sich mit einem Blick auf sein Smartphone vergewissern. Der Trend, Hausgeräte per Handy zu steuern, ist bis heute ungebrochen – und über die Miele App kommen immer neue Services hinzu.

2008

Vertrieb in neuer Ordnung

Miele Geräte sind besonders hochwertig – entsprechend hoch sind die Erwartungen der Kundinnen und Kunden auch an Präsentation, Beratung und Service bei ihrem Händler. Um hier keine Wünsche offen zu lassen, führt Miele als erster Hersteller großer Elektrohausgeräte ein sogenanntes selektives Vertriebssystem (SDS) ein. Fortan verkauft das Unternehmen seine Hausgeräte nur noch über autorisierte Handelspartner, die bei Sortiment, Präsentation, Beratung und Service strenge Qualitätskriterien erfüllen – angefangen in Deutschland, mittlerweile in der gesamten EU und weiteren Ländern. Im Gegenzug unterstützt Miele diese Vertriebspartner zum Beispiel durch Verkäuferschulungen, bei Vermarktungsaktionen und der Gestaltung ihrer Geschäftsräume, bis hin zu hochwertigen und aufmerksamkeitsstarken Shop-in-Shop-Konzepten. Die neue Vertriebsstrategie bewährt sich schnell und wird schrittweise weiter verfeinert, unter anderem durch spezielle Qualitätsrichtlinien für den Onlinehandel. Heute kann Miele allein in Deutschland auf rund 13.000 kompetente Fachhandelspartner bauen; europaweit sind es etwa 30.000.

2009

Dosieren mit System

AutoDos begründet als weltweit erste automatische Dosierung von Flüssig- und Pulverwaschmitteln die Position von Miele als Vorreiter bei der Waschmitteldosierung. Da Studien zufolge Waschmittel sehr oft überdosiert wird, ist automatische Dosierung nicht nur bequem, sondern entlastet auch Geldbeutel und Umwelt. Ein erstes Dosiersystem für flüssige Waschmittel hatte Miele bereits 2006 eingeführt.

Wird AutoDos der Waschmaschine noch aufgesetzt, folgt 2013 mit TwinDos die erste integrierte Dosierung von Flüssigwaschmitteln, die bis zu 30 Prozent Waschmittel einspart. Eine weitere Besonderheit ist, dass TwinDos ein Zwei-Phasen-Waschmittel verwendet, das selbst hartnäckige Flecken entfernt. 2018 kommt die automatische Dosierung für die Geschirrspülmaschine hinzu, wobei ein eigens entwickeltes Pulvergranulat genutzt wird. Heute bietet kein anderer Hersteller von Hausgeräten ein vergleichbares Programm an exklusiven und auf seine Geräte abgestimmten Artikeln, seien es Wasch- und Reinigungsmittel, Staubbeutel oder auch Kaffeemischungen.

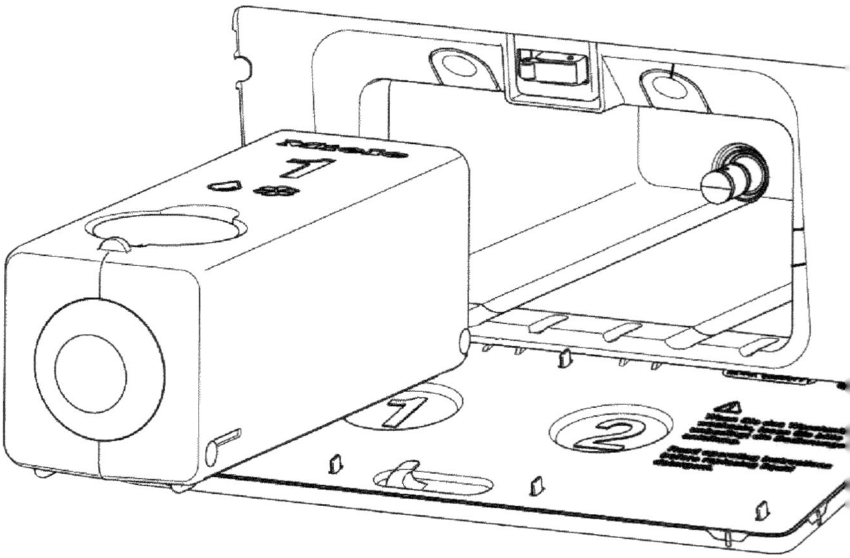

Patentzeichnung TwinDos zur automatischen Dosierung von Flüssigwaschmittel, 2014

Braşov – ein zweites Elektronikwerk

Um die Kapazität der Elektronikfertigung in Gütersloh zu ergänzen, errichtet Miele ein weiteres Elektronikwerk im rumänischen Braşov. Als Maßnahme zur Qualitätssicherung gedacht, sollen hier zunächst einfachere Elektroniken mit hohem Handarbeitsanteil produziert werden, die bislang großteils von Zulieferern stammen. Heute kommen aus Braşov auch komplexe und hochautomatisiert gefertigte Elektronikkomponenten.

Wechsel in der Geschäftsleitung

Erstmals seit 1999 verändert sich die Aufstellung der bis dato drei familienunabhängigen Geschäftsführer: Horst Schübel, Geschäftsführer Finanzen, Controlling und Hauptverwaltung seit 1995, tritt nach insgesamt 42 Jahren bei Miele in den Ruhestand. Nachfolger im Amt wird Olaf Bartsch, bisher Leiter Finanzen und Controlling. Ebenfalls aus Altersgründen übergibt Dr. Reto Bazzi 2011 die Verantwortung für Marketing und Vertrieb an Dr. Heiner Olbrich, der von adidas zu Miele kommt, sich 2014 aber als Berater selbstständig macht. Auf ihn folgt Dr. Axel Kniehl, zuvor unter anderem Zentraleuropa-Chef und Bauknecht-CEO bei Whirlpool.

Technik-Geschäftsführer Dr. Eduard Sailer tritt 2016 in den Ruhestand – und übergibt den Stab an Dr. Stefan Breit, zuvor langjähriger Werkleiter zunächst in Bielefeld und dann in Gütersloh. Als geschäftsführende Gesellschafter in vierter Generation vertreten nach wie vor Dr. Markus Miele (seit 2002) und Dr. Reinhard Zinkann (seit 1999) die beiden Inhaberfamilien in der Geschäftsleitung.

Dr. Axel Kniehl (l.) löst 2014 Dr. Heiner Olbrich in der Geschäftsleitung ab und verantwortet seither den Bereich Marketing & Sales.

Smarte Energienutzung

Miele präsentiert die ersten Smart-Grid-fähigen Hausgeräte. Sie können zum Beispiel automatisch starten, wenn die eigene Photovoltaikanlage genug Strom produziert. In dieser Kopplung ist das Unternehmen Vorreiter. Dabei ist das Prinzip einfach: Waschmaschine, Trockner oder Geschirrspüler starten, wenn genug Sonnenstrom vom Dach zur Verfügung steht oder der Energieversorger günstige Stromtarife anbietet. Heute heißt die Anwendung Smart Start und ist mit einer Vielzahl vernetzter Hausgeräte von Miele möglich. Kooperationspartner sorgen für die einfache Integration in ein intelligentes Energiemanagement. Auch wenn lastabhängige Stromtarife zu jener Zeit noch kaum verbreitet sind – Miele ist darauf vorbereitet. Über eine gesicherte Programmierschnittstelle (3rd Party API) können die Hausgeräte in externe Haustechniksysteme eingebunden und über diese gesteuert werden.

Komplettanbieter für Sterilgutaufbereitung

2010

Nachdem sich Miele über Jahrzehnte einen ausgezeichneten Ruf in den Bereichen Reinigung und Desinfektion erworben hatte, bringt das Unternehmen Großraumsterilisatoren aus dem Werk in Bürmoos auf den Markt. Als Komplettanbieter für alle Aufbereitungsstufen bietet Miele fortan die Planung und die Ausstattung von zentralen Sterilgutaufbereitungsabteilungen in Kliniken, aber auch in Arztpraxen und für Zahnärzte an (Kleinsterilisatoren). Zusätzlich zu den Geräten liefert Miele auf Wunsch auch die Prozesschemikalien sowie den Service und unterstützt das Datenmanagement.

Strategisch nachhaltig

2011

Miele formuliert seine erste ganzheitliche Nachhaltigkeitsstrategie auf den Feldern Ökologie, Ökonomie und Soziales, mit besonderem Fokus auf Umwelt und hier vor allem auf den Energieverbräuchen der Geräte. Ein Jahr später wird das Energiemanagement nach ISO 50001 zertifiziert, und Miele unterzeichnet die „Charta der Vielfalt“ für die Förderung von Chancengleichheit im Unternehmen und Vielfalt in der Belegschaft. Im Jahr 2014 erhält Miele den Deutschen Nachhaltigkeitspreis in der Kategorie Großunternehmen. Ausdrücklich gewürdigt wird die „hohe Kontinuität in der nachhaltigen Unternehmensführung“. 2024 erhält Miele diese Auszeichnung erneut, diesmal als bestes Unternehmen der Hausgerätebranche.

Ohne Griff

2013

Mit Knock2open bringt Miele eine Weltneuheit für vollintegrierte Geschirrspüler auf den Markt: Statt über einen Griff öffnet sich die Tür nach zweimaligem leichtem Klopfen an die Gerätefront. Ab 2016 definieren die Einbaugeräte der Designreihe ArtLine die grifflose Premiumküche neu – mit Backöfen, Dampfgarern und weiteren Geräten, die sich auf leichten Fingertipp elektrisch öffnen.

Öffnet auf Klopfzeichen: ein vollintegrierter Geschirrspüler mit Knock2open-Funktion, Modell von 2023.

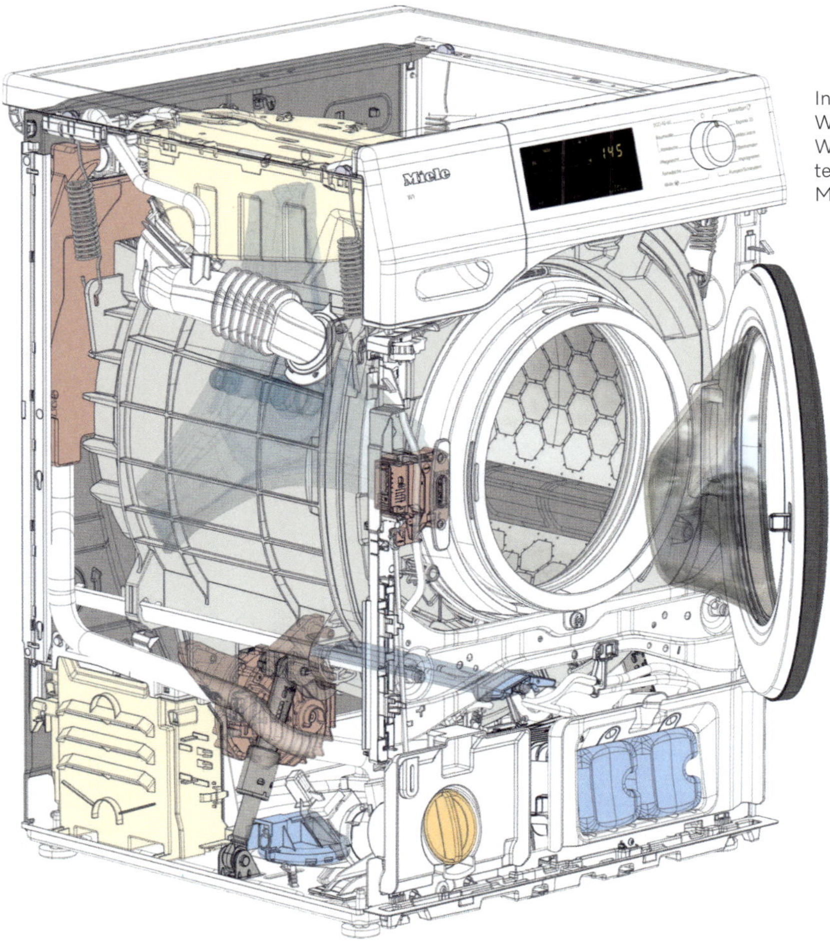

Innenansicht einer Waschmaschine W1 mit integriertem TwinDos, Modell von 2023

W1/T1

Auf der IFA 2013 präsentiert Miele die Waschmaschine W1 und den dazu passenden Trockner T1. Beide Baureihen sorgen für neue Maßstäbe bei Komfort, Ergebnis und Design in der Wäschepflege. In die neue Waschmaschine ist erstmals die Dosierautomatik TwinDos integriert. Das neue Waschverfahren PowerWash erhöht die Waschleistung mit zusätzlicher Umflutpumpe und einem speziellen Trommel- und Waschrhythmus um mindestens 10 Prozent. Die Programmoption QuickPowerWash erreicht die EU-genormte „Waschwirkung A" für hygienische Sauberkeit in weniger als einer Stunde.

Bei den neuen Trocknern reduziert die Funktion SteamFinish den späteren Bügelaufwand deutlich, indem Wasser aus dem Kondenswasserbehälter in die Trommel gesprüht und durch die warme Prozessluft zu Dampf erhitzt wird. Für zusätzliche Frische der Wäsche sorgen, wenn gewünscht, einsetzbare Duftkapseln in den Ausrichtungen „Aqua", „Cocoon" oder „Nature". Zum harmonischen Erscheinungsbild der Kombination beider Geräte trägt bei, dass nun auch die Trockner mit einem Sichtfenster ausgestattet sind.

2016

Wunderbare Waschsalons

Einstieg in ein neues Geschäftsfeld: In Zusammenarbeit mit der italienischen Waschsalon-Kette Lava Più stellt Miele ein Konzept für die schlüsselfertige Einrichtung von Waschsalons vor. Lava Più ist ab 2022 eine 100-prozentige Miele Tochter und expandiert unter der Marke Bloomest auch international. Seit 2019 bietet Miele mit appWash zudem digitale Systemlösungen für gemeinschaftlich genutzte Waschmaschinen, etwa in Studentenwohnheimen.

2017

Wachstum mit Steelco

Miele übernimmt 75,1 Prozent der Anteile des italienischen Medizintechnik-Spezialisten Steelco Group und bündelt dort sein gesamtes Klinikprojektgeschäft. Später erfolgt die komplette Übernahme. Mit der Steelco Group kommen zwei neue Produktionsstandorte in den Werkeverbund der Miele Gruppe: Riese Pio X und Cusano di Zoppola. Neben Reinigungs- und Desinfektionsgeräten sowie Sterilisatoren für den Klinikbereich bietet Steelco spezielle Geräte für die Pharmaindustrie an. Die Professional-Produktion von Miele in Bielefeld fokussiert sich fortan auf Geräte für Praxen und Labore.

Weltpremiere Dialoggaren

Staunend beobachten Gäste der IFA, was mit einem rohen Fischfilet in einem Eisblock passiert, wenn man beides in den Dialoggarer von Miele bettet. Nach wenigen Minuten ist das Filet gar, während das Eis gefroren bleibt. Das Geheimnis dieses Vorgangs liegt in der M Chef-Technologie von Miele. Elektromagnetische Wellen, die ebenso sanft wie tief einwirken, setzen einen gleichmäßigen Garprozess in Gang, der kontinuierlich überwacht und bei Bedarf nachgesteuert wird. Zudem lassen sich diese Wellen mit den herkömmlichen Garverfahren des Backofens kombinieren, wodurch sich eine ebenso schonende wie schnelle und auch aromatische Zubereitung erreichen lässt. Speisen von unterschiedlicher Textur und traditionell anderen Ansprüchen an die Zubereitung können nun gemeinsam gegart werden. Sie werden zeitgleich fertig – und dies bis zu 70 Prozent schneller als im klassischen Backofen. Im Handel erscheint der Dialoggarer im April 2018.

Der Dialoggarer revolutioniert das Backen, Braten und Garen.

2018

Kapital für gute Ideen

Mit der Miele Venture Capital GmbH setzt Miele darauf, neben den hauseigenen Kompetenzen und Innovationen auch gute Ideen von außen frühzeitig zu erschließen. Thematisch konzentriert sich die neue Tochter auf kreative Lösungen, die gut zu den Produkten, Services, Wertschöpfungsketten, Geschäftsmodellen oder Fertigungsprozessen der Gruppe passen könnten. Die Kooperationsformen reichen von gemeinsamen Entwicklungsprojekten oder Managementunterstützung bis hin zu einer direkten Kapitalbeteiligung.

Ein Reich für die Kleinsten

Gegenüber dem Stammwerk in Gütersloh öffnet die unternehmenseigene Kindertagestätte „IdeenReich“ nach zweijähriger Bauphase. Der Name ist Programm, denn das pädagogische Konzept ist darauf ausgerichtet, kindgerecht das Interesse an technischen und naturwissenschaftlichen Zusammenhängen zu wecken. Anfangs werden 48 Kinder im Alter von neun Monaten bis sechs Jahren betreut. Die Betriebskita bietet ganzjährig Betreuungszeiten bis 18 Uhr an Werktagen, was Eltern die Vereinbarkeit von Familie und Beruf erleichtert.

Die Miele Betriebskita weckt die Begeisterung für Technik und Naturwissenschaften.

„Alexa, sage Miele …“

Geräte per Smartphone oder Tablet zu steuern ist praktisch, wenn auch für Technikbegeisterte nicht unbedingt der letzte Schrei. Eine angesagte Alternative ist Sprachsteuerung. Sind zum Beispiel die Hände voll, öffnet sich die Tür von Backofen oder Kühlschrank auf Zuruf. Besonders beliebt sind frei programmierbare Routinen wie „Alexa, ich verlasse das Haus“. Der Sprachassistent veranlasst dann etwa die Aktivierung der Alarmanlage oder das Ausschalten aller Hausgeräte bis auf den Miele Saugroboter, der dann freie Bahn hat. Sprachsteuerung mit Alexa von Amazon bietet Miele seit 2018 an, inzwischen sind auch die Vernetzung mit Google Assistant und Tmall Genie, dem Marktführer in China, möglich.

lí

Der **richtige** Winkel

2018

Eine wohldefinierte Form, das gilt auch für das „i" in Miele. Als das Logo 2018 behutsam weiterentwickelt wird, bleibt die Schriftmarke unangetastet und damit auch der um etwa 27 Grad geneigte i-Punkt. Jedoch ist die Rotfläche („Fond") um den charakteristischen Schriftzug jetzt etwas vergrößert und – von den Proportionen her – höher. Zugleich weicht das traditionelle „Signalrot" einem dunkleren Ton, der bereits seit mehreren Jahren die Präsentation der Marke Miele im Handel prägt.

Wann genau der i-Punkt in seine ikonische Form kippte, ist heute nicht eindeutig überliefert. Es lohnt sich, auf frühen Fotos nach ihm Ausschau zu halten. Die älteste noch aktive Eintragung von Miele im Markenregister des Deutschen Patent- und Markenamts ist die Individualmarke Nr. 249696 „Miele" in Wort und Bild. Die beiden Anführungszeichen sind damals Teil der Marke, als zunächst im Mai 1920 die Anmeldung der Wort-/Bildmarke, dann im Dezember des gleichen Jahres die der Wortmarke beim Deutschen Patent- und Markenamt erfolgt. Am 5. Februar 1926 wird dort auch die Wort-/Bildmarke „Miele (Globus)" angemeldet, als sogenannte deutsche Marke Nr. 374654.

Miele stellt sich neu auf

Zur Stärkung von Innovation und Wachstum ersetzt Miele die drei klassischen Säulen Technik – Vermarktung – Verwaltung durch eine Matrix-Struktur. Diese besteht aus Zentralfunktionen, Vertriebsregionen sowie acht neuen Business Units mit umfassender operativer Verantwortung für ihr jeweiliges Geschäft. Für den Ausbau der Digitalkompetenz werden die Bereiche IT und Smart Home deutlich aufgestockt; für die digitale Vermarktung entsteht in Amsterdam ein eigener Standort. All dies wird im Oktober 2019 verkündet und zählt zum Kern des bereits 2018 angestoßenen Programms „Design2Excellence". Ein weiteres Element ist eine verstärkte länderübergreifende Zusammenarbeit in den Bereichen Finanzen und Vertrieb. Weltweit werden 800 Stellen abgebaut, bei zugleich etwa 500 Neueinstellungen in anderen Bereichen. Tatsächlich wächst die Gesamtbelegschaft den steigenden Umsätzen folgend bis Ende 2023 um rund 3.000 Mitarbeiterinnen und Mitarbeiter.

In Amsterdam kümmert sich Miele X um die digitale Vermarktung, 2024.

KI im Backofen

Mit der weltweit ersten Backofenkamera, die auch den hohen Temperaturen der Selbstreinigungsfunktion (Pyrolyse) standhält, setzt Miele einmal mehr Maßstäbe. Die Kamera ist in den Einbaugeräten der neuen Generation 7000 integriert. In einem ersten Schritt überträgt sie aus dem Backofen Fotos auf das Smartphone und ermöglicht jederzeit den Blick auf den Garzustand von Auflauf, Kuchen oder Pizza. Wer mag, teilt den „Gruß aus dem Backofen" per beliebigem Messenger. Die Kamera schafft auch die Voraussetzung für Smart Food ID: Künstliche Intelligenz erkennt die Zutaten im Backofen und bietet das zum Rezept passende Automatikprogramm an. Assistiertes Kochen mit KI unterstützt so ungeübte Köchinnen und Köche und ist generell praktisch, wenn es schnell gehen muss. Parallel wird das Rezeptangebot der Miele App kontinuierlich ausgebaut und bietet Kochbegeisterten inzwischen ein sehr großes Repertoire an, inklusive Tipps und Tricks für die nachhaltige Zubereitung. Die Generation 7000 gilt als größte Produkteinführung von Miele. Sie ist in vier Designlinien erhältlich und steht für die Erneuerung des gesamten Kücheneinbaugeräteprogramms. Rund 3.000 Modellvarianten kommen im Mai 2019 mit ihr neu auf den Markt.

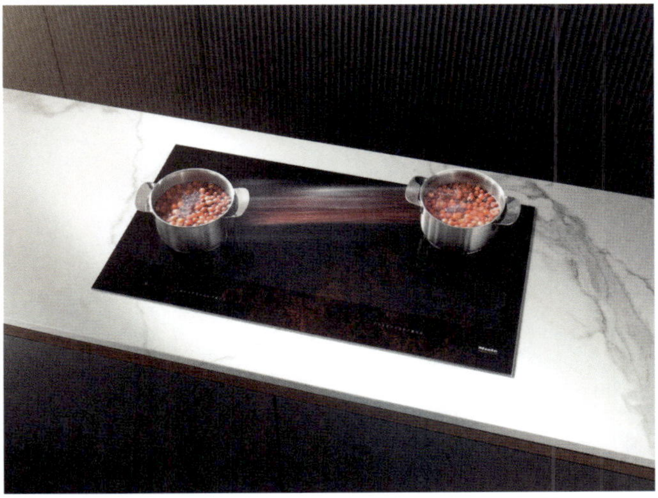

Die Leistungseinstellungen wandern mit: Der Köchin oder dem Koch ist überlassen, wo der Topf auf dem Vollflächeninduktionsfeld steht.

Die Einbaugeräte der Generation 7000 machen Kochen zu einer individuellen Angelegenheit.

Die Jüngste in Brasilien

Miele verdichtet das Netz der Vertriebsgesellschaften weiter. Im April 2019 kommt in Brasilien die bis dato jüngste dazu, und zwar in São Paulo. In Chile ist Miele bereits seit 2007 mit einer Vertriebsgesellschaft präsent. Im Jubiläumsjahr 2024 ist das Unternehmen in 49 Ländern mit eigenen Gesellschaften vertreten.

Zweites Waschmaschinenwerk startet

Auch produktionsseitig stellt sich Miele 2019 noch internationaler auf. Langfristiges Ziel ist eine gleichermaßen qualitäts- wie kostenorientierte Aufteilung der Waschmaschinenproduktion auf die Standorte Gütersloh und Ksawerów in Polen. Zur nachhaltigen Sicherung der Wettbewerbsfähigkeit der Wäschepflege bei Miele wird 2024 der Plan angekündigt, ab 2027 den Großteil der Waschmaschinen für den Haushalt in Ksawerów zu montieren. Komponenten wie Gehäusewände, Türen, Einspülkästen, Edelstahltrommeln, elektrische Antriebe und Elektroniksteuerungen kommen weiterhin aus deutschen Miele Werken. Die Montage der Waschtrockner sowie der Waschmaschinen für Kleingewerbe und einiger Modelle für den Haushalt erfolgt über 2026 hinaus in Gütersloh.

Miele trotzt der Pandemie

2020

Ende 2019 treten in China die ersten Coronafälle auf; wenig später erreicht das Coronavirus auch Deutschland. Als sich die Lage im Frühjahr dramatisch zuspitzt, verlegt Miele praktisch den kompletten Bürobetrieb in die Homeoffices. Umfassende betriebliche Schutzmaßnahmen sowie Impf- und Testangebote tragen dazu bei, dass sich Ansteckungen in Grenzen halten. Trotz aller Herausforderungen bewältigt Miele die Pandemie ohne größere Störungen – sieht man von einem mehr als einwöchigen Produktionsstopp im Euskirchener Motorenwerk ab, durch den mittelbar auch das Gros der Gerätewerke betroffen ist. Im Ergebnis kann Miele infolge eines Hausgerätebooms in den Pandemiejahren 2020 bis 2022 fast 30 Prozent Umsatz hinzugewinnen. Bei Miele wird die erlangte Flexibilität mit sehr weitgehenden Regelungen für mobiles Arbeiten und Homeoffice zum „New Normal".

Unternehmen im Unternehmen

Die Gewerbe- und Medizintechniksparte Professional wird eine von acht neu formierten Business Units, die mit mehr unternehmerischer Verantwortung ausgestattet sind, wie etwa für die betreffenden Werke, Finanz- oder Marketingbereiche. Zusätzlich wird im Fall der Business Unit Professional den Besonderheiten der Gewerbe- und Medizintechnik im Vergleich zum Hausgerätegeschäft Rechnung getragen. Fortan ist Professional ein „Unternehmen im Unternehmen" mit weltweit rund 3.000 Beschäftigten, fünf Produktionsstandorten in drei Ländern und eigenen Funktionen für Entwicklung, Marketing, Vertrieb und Service.

Leitlinien für die „Miele Creators' Culture"

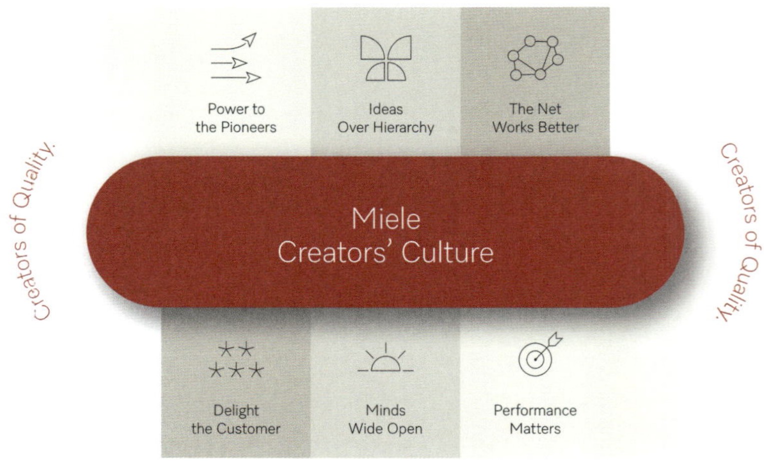

Miele baut auf die „Creators of Quality"

2021

Zwei Kräfte machen Miele seit jeher erfolgreich: das Streben nach Qualität und der Pioniergeist. Beides führt der Purpose zusammen, den das Unternehmen als zeitgemäße Interpretation seines traditionellen Markenversprechens „Immer Besser" definiert: „Wir bei Miele sind ‚Creators of Quality'." Eingebettet ist dieses generationenübergreifende Selbstverständnis in den „Pioneering Compass", mit dem Miele den strategischen Rahmen auf vier Dimensionen neu fokussiert: „Immer Besser – for Customers, for Employees, for the Planet, for Perfomance." Um die damit verbundenen Ziele zu erreichen, braucht es die Freude daran, Wandel aktiv zu gestalten. Dafür verändert sich Miele auch kulturell, baut bewährte Stärken weiter aus, hinterfragt Gewohnheiten und geht ganz neue Wege. Als Zielbild dient die mit der Belegschaft gemeinsam entwickelte „Miele Creators' Culture". Leitlinien wie „Delight the Customer", „Ideas over Hierarchy" oder „Power to the Pioneers" werden in allen Bereichen der Miele Welt mit Leben gefüllt.

Zukunftsrezepte

Kochen ist eine Frage der richtigen Zutaten, Geräte und Rezepte. Letztere gibt es nicht nur in der Miele App, sondern auch bei der Rezepte-App KptnCook, an der Miele 2021 die Mehrheit erwirbt. Die Übernahmen von Otto Wilde Grillers im selben Jahr, des belgischen Staubbeutel-Herstellers Eurofilters oder des Tübinger Hygienespezialisten SMP 2022 sind weitere Beispiele für den Kurs, neue Geschäftsfelder oder Services zu integrieren.

„Immer Besser" für den Planeten

Miele verabschiedet 2021 eine neue, deutlich ambitioniertere Nachhaltigkeitsstrategie. Es gilt, den Ressourcenverbrauch und die Emissionen weiter zu verringern, die Energieeffizienz zu steigern sowie die eigene Stromerzeugung aus erneuerbaren Quellen auszubauen. Ein neuer Schwerpunkt: Die Circular Economy, also das Ziel eines geschlossenen Wertstoffkreislaufs für Hausgeräte, mit Nachdruck voranzutreiben. Miele arbeitet bereits über alle Standorte hinweg bilanziell CO2-neutral, bezogen auf die eigenen Emissionen und die der Energielieferanten. Dieses Vorhaben wird gestärkt durch den Beitritt zur Science Based Targets Initiative (SBTi) zur wissenschaftsbasierten Evaluierung der Klimaziele. Diese erreicht Miele teilweise viel früher als geplant: Um 52 Prozent kann das Unternehmen seine direkten und indirekten CO2-Emissionen im Jahr 2022 im Vergleich zu 2019 bereits senken. 2022 und 2023 baut Miele den Einsatz von grünem Stahl und Aluminium aus. Für die Zukunft unterzeichnet das Unternehmen gemeinsam mit Stahllieferanten Absichtserklärungen zur Belieferung mit CO2-arm produziertem Stahl. Der Einsatz von Photovoltaik- und Geothermieanlagen sowie die Umsetzung weiterer Energieeffizienzmaßnahmen sparen 2019 bis 2023 rund 10 Gigawattstunden Energie ein. Durch den stetigen Ausbau erzeugt Miele Ende 2023 darüber hinaus über 10 Gigawattstunden Strom pro Jahr selbst.

Miele baut den Einsatz von grünem Stahl und Aluminium aus.

Zehnmillionster Staubsauger Complete C3

Miele Bielefeld feiert: Der zehnmillionste Complete C3 Staubsauger läuft vom Band. Seine Erfolgsgeschichte war 2012 gestartet, damals noch unter der Modellbezeichnung S8. Dank seines niedrigen Energieverbrauchs, eines Aktionsradius von fast 12 Metern und einer leistungsstarken, dennoch leisen Saugfunktion ist das Modell ein umweltfreundlicher und bequemer Helfer im Haushalt.

Der zehnmillionste Complete C3 Staubsauger läuft vom Band.

Jetzt zu sechst

Rebecca Steinhage rückt in die Geschäftsleitung der Miele Gruppe auf. Hier übernimmt die bisherige Konzernpersonalchefin das neu geschaffene Ressort Human Resources & Corporate Affairs. Bei Miele war sie, von Bertelsmann kommend, im Sommer 2019 gestartet. Weitere familienunabhängige Geschäftsführer sind nach wie vor Olaf Bartsch, Dr. Stefan Breit und Dr. Axel Kniehl. Dr. Markus Miele und Dr. Reinhard Zinkann vertreten in vierter Generation die beiden Inhaberfamilien.

Seit 2022 das Team in der Geschäftsleitung (v.l.): Dr. Markus Miele (geschäftsführender Gesellschafter), Dr. Stefan Breit (Technology), Dr. Axel Kniehl (Marketing & Sales), Rebecca Steinhage (Human Resources & Corporate Affairs), Dr. Reinhard Zinkann (geschäftsführender Gesellschafter) und Olaf Bartsch (Finance & Administration)

Energieverbrauch im Blick

Als weiteres Kapitel zur nachhaltigen Nutzung von Hausgeräten macht Miele das neue Consumption Dashboard in ersten Ländern verfügbar. In die Miele App integriert, lassen sich Strom- und Wasserverbräuche der genutzten Programme nachvollziehen. Dazu gibt es Tipps, wie sich diese weiter minimieren lassen. Für 2024 ist das Feature AI Diagnostics angekündigt, das in seiner ersten Stufe bei Gerätestörungen Hilfe zur Selbsthilfe gibt, perspektivisch aber auch Störungen aufgrund des Nutzungsverhaltens sowie des Gerätealters vorhersagen soll. Aktuelle Gerätegenerationen profitieren von Online-Updates – für eine weiter verbesserte Performance und Nutzung zusätzlicher Möglichkeiten.

Frische Brise

Der Wäschepflegeschrank Aerium feiert auf der IFA 2023 Premiere, im zweiten Halbjahr 2024 erscheint er auf dem Markt. Diverse Arten von Textilien sowie Schuhe und sogar das Lieblingskuscheltier der Kinder können auf drei Ebenen schonend aufgefrischt oder getrocknet werden. Durch einen HEPA-Filter wird die Luft im Innenraum verteilt und gereinigt.

Der Wäschepflegeschrank deaktiviert auch an der Kleidung befindliche Pollen, Staub oder andere Allergene.

Noch besser mit Belimed

Der Markt für Medizintechnik- und Pharmaprodukte wächst weltweit und kontinuierlich. Das große Potenzial soll durch ein Joint Venture mit der Schweizer Industrieholding Metall Zug AG erschlossen werden. In das gemeinsame Unternehmen will die Miele Gruppe ihr Tochterunternehmen Steelco Group einbringen, Metall Zug seine beiden Belimed Gesellschaften Infection Control und Life Science. Geplant ist, dass Miele 67 Prozent und Metall Zug 33 Prozent des Joint Ventures hält. Das neue Gemeinschaftsunternehmen soll zu einem der größten, leistungsfähigsten und innovativsten Anbieter der Branche zusammenwachsen. Ziel ist, auch bei der Kundenorientierung neue Maßstäbe zu setzen.

2023

Ein neues Werk in den USA

Im März kündigt Miele an, einen 16. Produktionsstandort im und für den Wachstumsmarkt USA aufzubauen. Im Dezember steht fest: In Opelika, Alabama, entsteht das neue Werk, in dem schon Ende 2024 großvolumige Herde und Backöfen für die USA, Kanada und Mexiko produziert werden sollen. In den Vereinigten Staaten ist Miele seit 1983 mit einer eigenen Vertriebsgesellschaft vertreten. Für das Unternehmen ist es das zweite nichteuropäische Werk in seinem internationalen Produktionsverbund.

2024

Auch in Zukunft „Immer Besser“

Zusammen mit seinen Beschäftigten blickt Miele auf 125 Jahre Qualität und Innovation im Dienst der Kundinnen, Kunden und der Umwelt zurück. Aus elf Mitarbeitern im ostwestfälischen Herzebrock ist ein weltweites Team von mehr als 22.000 Beschäftigten geworden.

Auch die Herausforderungen in der Welt Anfang der 2020er-Jahre sind groß, von der Pandemie bis zu den wirtschaftlichen Folgen des Ukrainekriegs. So laufen strategische Investitionen und Krisenmanagement bei Miele parallel, damit das Unternehmen zukunftsfähig bleibt, auch im Jubiläumsjahr. Um veränderten Rahmenbedingungen Rechnung zu tragen, stellt Miele Strukturen und Prozesse auf den Prüfstand.

Eine weitreichende unternehmerische Entscheidung der Geschäftsleitung und der Inhaberfamilien ist zum Beispiel, mittelfristig die Montage der meisten Haushaltswaschmaschinen in das Miele Werk im polnischen Ksawerów zu verlagern. Es gilt, die Wettbewerbsfähigkeit und Wirtschaftlichkeit des Unternehmens nachhaltig zu sichern – und damit den langfristigen Erfolg des Familienunternehmens Miele. Erklärtes Ziel ist, die Zeichen wieder auf Wachstum zu stellen.

Hierfür kann Miele auf eine starke Marke bauen, auf einen in der Branche einzigartigen Premium- und Qualitätsanspruch, begeisternde Produkte und engagierte und kreative Teams in 49 Ländern – und auf seine Fähigkeit, auch in herausfordernden Zeiten die richtigen, bisweilen schwierigen Entscheidungen zu treffen. Auch das haben die zurückliegenden 125 Jahre immer wieder gezeigt.

125 Years

Miele in Zahlen

Mitglieder der Geschäftsleitung	6
Business Units	8
Werke	16
Länder mit Vertriebsgesellschaften	49
Beschäftigte	22.700
Milliarden Euro Umsatz	4,96

Lebenswelten

Kreise ziehen, Horizonte erweitern. **Menschen begeistern**, den Alltag bereichern. Lebenswelten ändern sich – Werte bleiben.

Future
Interface

Zwischen Chef-Designer Andreas Enslin und Elektronik-Chef Peter Hübinger fliegen die Funken – im besten Sinne. Zwei Zukunftsversteher, die der vermeintlichen Konturlosigkeit von Morgen Konkretes abgewinnen können. Im engen Zusammenspiel der Unternehmensbereiche Smart Home und Design entstehen Ideen, die mitdefinieren, wie Miele Zukunft gestalten kann.

Wie entwickeln Sie neue Geräte?

ANDREAS ENSLIN Es geht vor allem darum, tief in die aktuellen Bedürfnisse der Kundinnen und Kunden hineinzugehen und auch deren künftige Bedürfnisse zu antizipieren. Als Industriedesigner finden wir dort die eigentlichen Themen, die wir lösen müssen, denn unsere primäre Aufgabe ist, den Alltag der Menschen zu vereinfachen. So hilft Design zum Beispiel, neue Technologien besser zu verstehen. Dazu gehört auch, sich auf das Nötigste zu beschränken und alles andere wegzulassen. Reduktion ist aber das Schwierigste, weil wir Menschen dazu neigen, additiv zu denken, nach dem Motto „mehr ist besser“.

PETER HÜBINGER Im Bereich Smart Home schaffen wir dafür die technischen Grundlagen. Zum Beispiel sorgen wir dafür, dass User Interface und Steuerungselektronik den Anforderungen des Designs entsprechen. Wie für Andreas und sein Team stehen auch für uns die aktuellen und künftigen Bedürfnisse der Menschen im Fokus. Daraus leiten wir zum Beispiel neue smarte Services für unsere vernetzten Geräte ab, mittlerweile natürlich auch unter Einbeziehung von KI. Vom Prinzip her gilt dies im Übrigen unabhängig davon, ob es sich um ein Gerät für den Haushalt handelt, für den Einsatz in Gewerbebetrieben, medizinischen Einrichtungen oder Laboren.

ENSLIN Dabei setzen wir uns auch immer stark mit der Erwartungshaltung unserer Kundinnen und Kunden auseinander, etwa mit Blick auf Qualität, Funktionalität, Langlebigkeit und Stil unserer Geräte. Das bedeutet, wir gestalten nicht nur das Produkt, sondern die Beziehung zwischen Produkt und Nutzerinnen und Nutzern. Um die Erwartungen der Menschen an eine Marke zu erfüllen, braucht es Wiedererkennbarkeit, und zwar unabhängig davon, ob es zum Beispiel um einen Backofen, Geschirrspüler oder Kaffeevollautomaten geht. Bei der aktuellen Generation 7000 unserer Kücheneinbaugeräte haben wir im Design zum Beispiel Bedienelemente definiert, und Peter hat mit seinem Team für diese Elemente eine technische Plattform gebaut, die in allen Produkten – von der Vernetzung über die Software, die Updates, die Displays sowie die gesamten Ansteuerungskomponenten – eine Einheitlichkeit schafft. So bringen wir Bedienerlebnisse unterschiedlicher Geräte in Einklang, machen Erfahrungen also übertragbar.

Was sehen Sie in Haushalten, wenn Sie an morgen denken?

HÜBINGER Die Erwartungshaltung der Kundinnen und Kunden an unsere Geräte und an die Interaktion mit diesen verändert sich bereits heute. Sie wünschen sich eine Anpassungsfähigkeit von Geräten in einem bestimmten persönlichen Kontext, und die

„Der Mensch will **seine Aufmerksamkeit** lieber Menschen widmen, statt Geräte zu bedienen."

Andreas Enslin

Das Design Center bei Miele und sein Leiter Andreas Enslin setzen sich mit stetig wandelnden Wohn- und Lebenswelten auseinander. Das Team zählt heute zu den 50 besten Inhouse Design Teams weltweit, gemessen am iF World Design Guide.

neuen technologischen Möglichkeiten wie der Einsatz von KI und Sensorik ermöglichen uns das jetzt auch. Je mehr sie mit uns interagieren, auch mittels Sprache, desto eher fragen wir uns: Warum weiß mein Kaffeevollautomat nicht selbst, dass ich lieber einen Cappuccino als einen Latte macchiato trinke? Und, ja, das bedeutet auch, dass wir Liebgewonnenes wie den Drehwahlschalter oder das Touchdisplay auf lange Sicht zumindest grundlegend verändern, wenn nicht durch ganz andere Technik ersetzen werden.

ENSLIN Unsere wichtigste Maxime bleibt aber, dass alles intuitiv bedienbar sein muss. Was das für Miele genau heißt, haben wir mit Expertinnen und Experten verschiedener Fachrichtungen gemeinsam definiert. Intuitive Bedienung bedeutet zunächst einmal Erfahrung, die ich übertrage. Das zweite sind Erwartungen: Warum merkt sich mein Hausgerät nicht meine bevorzugten Einstellungen? Das dritte sind Fähigkeiten. Ein Touchdisplay ist nicht sinnvoll, wenn ich blind bin. Das sind, ganz simpel, die drei Elemente, an denen sich messen lässt, ob eine Bedienung „intuitiv" ist. Hier sind wir auch schnell im Thema „Universal Design". Eine möglichst große Zahl von Menschen soll Geräte sinnvoll nutzen können – also auch im hohen Alter oder bei körperlichen Beeinträchtigungen wie Blindheit und Gehörlosigkeit. Oder man hat ein Pflaster am Zeigefinger – und schon lässt sich das Touchdisplay nicht mehr bedienen. Die Lösung sind sogenannte multimodale Bedienmöglichkeiten, wie bei unserem Kochassistenzsystem. Geht Touch gerade nicht, dann kann man der KI einfach sagen, was man möchte.

HÜBINGER „Simplicity" ist der Schlüssel für unsere technische Umsetzung. Ziel ist es, dass der Kunde an der Bedienoberfläche eine so einfache Situation vorfindet, dass er gar nicht mehr falsch bedienen kann. Aber wir wollen niemanden bevormunden. Erfahrene und ambitionierte Hobbyköchinnen und Hobbyköche sollen sich natürlich auch künftig allein auf ihre Expertise und Kreativität verlassen können.

Erwartungen verändern sich. Was bedeutet das für Sie?

HÜBINGER Dass wir uns noch viel schneller verändern müssen. Eigentlich müssten Geräte permanent während der Entwicklung angepasst werden, müssten immer wieder neue Features dazukommen. Wir haben deshalb eine Plattform gebaut, auf der Andreas Projekte sehr schnell verändern kann, und ich sofort sehe, wenn er sich schon wieder etwas Neues ausgedacht hat. Das macht uns unglaublich flexibel. Wir arbeiten nicht nur in hoher Frequenz eng zusammen, wir bilden auch die technischen Grundlagen, die uns eine agile Anpassung ermöglichen. Es wird nichts mehr endgültig fertig sein – das ist die Botschaft. Geräte sind nichts Statisches mehr, so wie es vor 20, 30, 50 Jahren war. Dank der Softwareentwicklung gibt es keinen Schlusspunkt mehr – und auch die Hardware wird anpassungsfähiger.

Wie versuchen Sie, in die Zukunft zu schauen?

ENSLIN Lesen hilft. Reisen ist wichtig. Ich kriege so ein heterogenes Bild, das natürlich

Der Bereich Smart Home/Electronics, den Peter Hübinger leitet, entwickelt und fertigt an den Standorten Gütersloh (Deutschland) und Braşov (Rumänien) hochautomatisiert Elektronikkomponenten, die in nahezu allen Miele Geräten Verwendung finden.

trotzdem verschwommen ist. Es ist aber nicht nur mein Bild, sondern ein kollaboratives. Aus diesen unterschiedlichen Expertisen bauen wir ein Bild der Zukunft. Die Szenarien, die wir dafür entwickelt haben, sind in der Reichweite immer auf etwa zehn Jahre angelegt.

HÜBINGER In Zukunft wird vor allem die Sichtweise der Kundinnen und Kunden noch wichtiger. Wir können Anwendungen so personalisieren, dass jemand, der zum Beispiel keine Nüsse verträgt, auch entsprechende Rezepte in seinem Ernährungsassistenzsystem findet. Damit bietet das System etwas an, das komplett auf den Kunden zugeschnitten ist. So entsteht für ihn ein Mehrwert, den er vorher nicht hatte.

Auf welche konkreten Entwicklungen fokussieren Sie sich gerade?

ENSLIN Zum Beispiel sind wir jetzt so weit, dass wir im Rahmen des unternehmensübergreifenden Projekts „Living Tomorrow" in Brüssel eine Küche mit Hausgeräten vorführen können, die verspricht: Du kannst nicht scheitern. Es brennt nichts an, es kocht nichts über, und es wird schmecken. 50 Sensoren sind hier verbaut, dahinter eine Cloud-Anbindung und KI. Wir haben diesen Prototyp zusammen mit Menschen mit körperlichen oder geistigen Einschränkungen erprobt, die zuvor immer nur unter Aufsicht gekocht hatten. Sie haben es zum ersten Mal geschafft, allein zu kochen und waren darauf sehr stolz. Aber auch hier gilt: Kochen bleibt ein kreativer Prozess, und ich bin Teil dieses Prozesses.

HÜBINGER Heute bieten wir unseren Kundinnen und Kunden automatische Updates an, mit denen sie Funktionen nutzen können, die beim Kauf des Geräts noch gar nicht verfügbar waren. Das ist der erste Schritt, mit denen ein Gerät immer persönlicher wird und immer mehr dem Nutzerverhalten entspricht. Dieser Trend wird sich weiter verstärken –

„Die **aktuellen und künftigen Bedürfnisse** der Menschen stehen im Fokus.“

Peter Hübinger

und trägt so dazu bei, dass auch und gerade die besonders langlebigen Geräte von Miele technisch up to date bleiben.

ENSLIN Auch das Thema Sprachsteuerung gewinnt zunehmend an Bedeutung und bietet noch viel Potenzial. Wie interagiert denn zukünftig ein Gerät per Sprache mit mir als Nutzer? Möchte ich mit Du oder Sie angesprochen werden? Wenn ein Gerät 20 Jahre im Einsatz ist, darf es dann immer gleich jung klingen? Ist es aufgeregt, wenn es kaputtgeht und dringend industriellen Service braucht? Das ist nur ein kleiner Teil der Fragestellungen, die uns zukünftig beschäftigen werden.

Und wie sieht Ihr persönlicher Blick in die Zukunft aus?

HÜBINGER Die Zeit, in der wir nur alle fünf Jahre mit großen Gerätegenerationen begeistern, ist vorbei. Stattdessen werden immer wieder neue Features zur Verfügung stehen, die Kundinnen und Kunden zusätzlich nutzen können. Dafür werden wir in der kommenden Generation 8000 eine Basis schaffen. Variantenvielfalt wurde bisher vor allem über die Hardware erzeugt, und dafür braucht man Ersatzteile, die gelagert werden müssen. Das verändert sich dank der bereits erwähnten automatischen Updates immer stärker in Richtung einer softwarebasierten Varianz. So wird Software zunehmend auch zu einem virtuellen Ersatzteil. Dabei spielen auch virtuelle Entwicklungsumgebungen eine immer größere Rolle.

ENSLIN Zukünftig möchte auch keiner mehr selbst den Service anrufen, Updates aufspielen oder Handbücher lesen. Der Mensch will seine Aufmerksamkeit lieber Menschen widmen, statt Geräte zu bedienen. Und eines der wichtigsten Features dabei wird Sprache sein.

Wald erobert den Himmel: In Australien entsteht das Gebäude „Urban Forest“ mit höchsten Ansprüchen in puncto Nachhaltigkeit – und rund 1.000 Miele Geräten.

Das **gewisse** Etwas

Mit fast 50 eigenen Vertriebsgesellschaften und Importeuren in vielen weiteren Ländern ist Miele weltweit präsent. Als Partner zukunftsorientierter Projektentwickler und Architekten ist das Unternehmen außerdem dabei, wenn außergewöhnlicher Wohnraum entsteht. Denn hochwertige Haus- und Einbaugeräte können ihren Teil dazu beitragen, urbanes Leben nachhaltig zu bereichern.

Das „One St. John's Wood" in London ist eines von vielen ambitionierten Wohnobjekten, die Miele mit Hausgeräten ausstattet.

Qualität, Nachhaltigkeit, Reputation und Kundenservice. Für Michael Hurley, Development Director der Aria Property Group, einem Immobilienentwickler mit Sitz im australischen Brisbane, sind das die wesentlichen Argumente, warum er mit Miele arbeitet. „Wir heben uns von den anderen Akteuren auf dem Markt durch unsere Reputation ab und hoffen, dass die Menschen unsere Marke mit hochwertigen und zuverlässigen Produkten verbinden. Aus diesem Grund wählen wir unsere Lieferanten sorgfältig aus – sie müssen nicht nur unsere Werte teilen, sondern auch die Marken anbieten, die unsere Käuferinnen und Käufer verlangen und erwarten." Eine dieser Marken ist Miele. Australien ist für das Unternehmen einer der umsatzstärksten Märkte weltweit. Seit 1980 hat Miele hier eine Vertriebsgesellschaft, und im sogenannten Projektgeschäft werden auch in Australien ganze Gebäude und zahlreiche Wohneinheiten mit Hausgeräten ausgestattet.

Schon seit den 1980er-Jahren bildet das Projektgeschäft ein stark wachsendes Geschäftsmodell für Miele. Ob 2009 beim damals höchsten Gebäude der Welt, dem Burj Khalifa in Dubai, oder bei der Catania Residence 2020 im chinesischen Chengdu: Wenn exklusive Immobilien mit hochwertigen Küchen geplant werden, fällt die Wahl nicht selten auf Miele. Das galt zunächst vor allem in Asien, Nordamerika und eben in Australien. Heute hat der Trend, neue Wohnungen mit komplett ausgestatteter Küche anzubieten, auch Europa erreicht, allen voran Großbritannien, die nordischen Staaten, Deutschland und die Schweiz.

Passend auch für die Anforderungen von Investoren, Architekten und Projektentwicklern ist der Bereich Project Business auf allen Kontinenten begehrter Partner für die Innenausstattung. An einem der vielleicht zukunftsweisendsten Immobilienprojekte Aus-

Im „Urban Forest" in Brisbane soll niemand für sich bleiben müssen. Räume für Begegnungen gehören für Architekt Koichi Takada zu einer nachhaltigen Vision dazu.

traliens ist Miele über Aria Property beteiligt. Mit „Urban Forest" soll in Brisbane das „grünste Wohnhaus der Welt" entstehen. In die geplanten Apartments werden rund 1.000 Haus- und Einbaugeräte von Miele mit einziehen. In seiner Fassade integriert „Urban Forest" über 500 Bäume sowie mehr als 25.000 Pflanzen und sorgt im subtropischen Klima Brisbanes für angenehme Temperaturen.

Kaskaden aus Grün

Für Michael Hurley setzt das Projekt einen neuen Maßstab in Sachen Nachhaltigkeit. Der renommierte Architekt Koichi Takada hat das Gebäude mit der organischen Form entworfen, das Wohnraum, Geschäfte, sogar ein Spa und Gärten kaskadenartig übereinander anordnet und die Grenzen zwischen Gebäude und Natur scheinbar verschwimmen lässt. Seine Idee, mit der er der Natur in der Vertikalen Raum gibt, nennt er lebendige Architektur. Ihr Ziel: wahrhaftig mit der Natur zu interagieren und sich nicht nur ihres Aussehens zu bedienen. „Mit ‚Urban Forest' wollen wir neue Maßstäbe setzen, die der nächsten Generation als Inspiration dazu dienen, unsere Vision von einer Massenbegrünung anzunehmen und umzusetzen und so eine nachhaltigere und grünere Zukunft aufzubauen", sagt Koichi Takada. Er will die Art und Weise, wie Menschen in Städten leben, verändern und andere Räume für Interaktion schaffen. Das immer wieder aufs Neue zu versuchen und immer wieder bessere, nachhaltigere Wohnvisionen in die Realität umzusetzen, ist einer seiner wesentlichen Ansprüche.

Auch auf Hawaii hatte Miele jüngst Anteil an einem faszinierenden Gebäude. „Kō'ula" mit 560 Wohneinheiten und seiner – passend zum Ausblick auf Meer und Küste – fließend anmutenden Architektur wurde

Mit einer wellenartigen Architektur fasziniert das „Kōʻula“ in Honolulu, Hawaii.

2022 fertiggestellt. Es liegt in Ward Village in Honolulu, das vom Magazin „Architectural Digest“ als „bestgeplante Community der USA“ bezeichnet wurde. Mehr als 6.000 Geräte von Miele sind hier Teil der hochwertigen Ausstattung in Küche und Waschküche. In London ist, ebenfalls seit 2022, das „One St. John's Wood“ in bester Lage einzugsbereit.

Nicht Technik, sondern Lifestyle

Am Aufbau des Projektgeschäfts auf dem asiatischen Markt ist seit den 1990er-Jahren Mario Miranda maßgeblich beteiligt, heute Regional Senior Vice President Asia-Pacific bei Miele. Zunächst in Tokio (1992), dann in Hongkong (1997) und Singapur (2001) begleitet er in Asien erste Vertriebsgesellschaften.

Der Markt stellt Miele zunächst vor Herausforderungen: Langlebigkeit hat in einer Megacity, die sich in einem Zustand stetiger Transformation befindet, offenbar wenig Strahlkraft. Die Argumente, die in Europa zentral waren – lange Lebensdauer, niedriger Energieverbrauch, hohe Schleuderdrehzahl –, besaßen hier keine Relevanz. Nicht die Technik stand im Vordergrund, sondern ein Lebensgefühl. Eine wichtige Weichenstellung für die internationale Wahrnehmung der Marke Miele. Durch das Geschäftsmodell Projektgeschäft wurde aus der anspruchsvollen, vor allem qualitäts- und innovationsorientierten Premiummarke aus Europa in den aufstrebenden Metropolen und Megacitys der Welt zunehmend auch eine statusträchtige Lifestyle-Brand. Hier hat sich Miele vor allem mit zeitlos-eleganten Kücheneinbaugeräten eine besondere Signalwirkung erarbeitet.

Langfristige Partnerschaften

Es gebe sie aber dennoch, die weißen Flecken auf der Landkarte, sagt Athmane Lakhlifi, Commercial Director Export bei Miele und damit verantwortlich für diejenigen Märkte, in denen Miele nicht mit eigenen Vertriebsgesellschaften vertreten ist, sondern über dort ansässige Importeure („Exportgeschäft“). In vielen dieser Länder ist die Marke Miele noch wenig bekannt und der Markenclaim „Immer Besser“ nur wenigen geläufig. Da sei dann durchaus Pioniergeist gefragt, findet Athmane Lakhlifi: „In der Mongolei verkaufen wir uns noch nicht von selbst, hier sind wir noch erklärungsbedürftig.“ Für das Exportgeschäft von Miele sind deshalb vertrauensvolle und langfristige Partnerschaften ausschlaggebend. „Das ist wie eine Hochzeit, das ist für immer.“ Für das gegenseitige Kennenlernen nimmt man sich Zeit, besucht sich gegenseitig. Auch hier gehe es nicht nur ums Geschäft, sondern um Menschen. So sind im Laufe der Jahrzehnte regelrechte Freundschaften entstanden, auch zwischen den Inhaberfamilien. Ein Importeur, mit dem Miele seit mehr als 40 Jahren zusammenarbeitet, sitzt in Beirut. Siebenmal sei der Showroom im Libanon schon zerstört worden – durch diverse Kriege und zuletzt 2020 durch die große Explosion im Hafen in Beirut. Siebenmal wurde er wieder aufgebaut. „Jedes Mal noch eindrucksvoller als vorher“, versichert Athmane Lakhlifi.

One Miele

Egal, wohin man den Finger auf dem Globus legt: Die Möglichkeiten und Herausforderungen für Miele sind in jedem Land anders. Gar nicht so verschieden ist indes die Motivation, mit denen berufliche Globetrotter wie Mario Miranda und Athmane Lakhlifi an ihr Werk gehen. „Wir sind immer noch am Anfang unserer Reise. Da ist noch so viel Potenzial in allen Märkten“, findet der eine. „Unser Zukunftsmarkt liegt vor allem in der südlichen Hemisphäre. In Afrika sind wir noch kaum vertreten“, sagt der andere. International stehen die Zeichen weiter auf Wachstum. „Wir haben verstanden, wie wichtig beispielsweise die asiatischen Märkte sind“, unterstreicht Mario Miranda. „Aus unseren Business Units kommen deshalb zunehmend konkrete Pläne für Produkte, die für diesen Markt adäquater sind.“

Was in der Vergangenheit immer gelang und gleichermaßen essenziell ist sowohl für das Projektgeschäft als auch die Erschließung neuer Märkte, das bleibt: die Konsequenz des eigenen Anspruchs in die Welt hinauszutragen. Athmane Lakhlifi: „Als Identität für unsere Marke ist ‚Immer Besser‘ absolut wichtig. Wir ändern unsere Botschaften nicht. Egal, wo wir sind auf der Welt. Das macht uns glaubwürdig und gibt uns Stabilität.“

Roadtrip
in Rot

Andrea Tripp
ist seit sieben Jahren für Miele Professional im Raum Düsseldorf im Einsatz.

Wayne Smith repariert seit acht Jahren Miele Hausgeräte in der Umgebung von Wolverhampton, England.

Miele Servicetechnikerinnen und Servicetechniker sind mit ihren roten Transportern weltweit im Einsatz, um die Lebensdauer von Miele Geräten zu verlängern. Nicht nur Fachkompetenz ist in ihrem Job gefragt, sondern auch ein offenes Ohr für die Bedürfnisse ihrer Kundinnen und Kunden. Und manche tragen mit ihrer Arbeit dazu bei, dass Leben gerettet werden können.

Wayne Smith bei der Reparatur einer Waschmaschine in einem englischen Haushalt.

→ Andrea Tripp nimmt die Laborspülmaschine einer deutschen Klinik wieder in Betrieb.

Ein kühler Wintermorgen in den englischen Midlands: Servicetechniker Wayne Smith fährt durch die Vororte von Wolverhampton. Sein erster Termin führt ihn aufs Land. Es regnet, die Straßen sind teils überflutet. Auf den schmalen, von Hecken gesäumten Landstraßen muss er immer wieder den Gegenverkehr abwarten. Die Kundin wohnt in einem Haus auf einem alten Gutshof, der komplett renoviert und zu schicken Wohnhäusern umgebaut wurde. Freundlich winkend steht sie in der Haustür. Kaum hat der Techniker die Überzieher über die Schuhe gestreift und das Haus betreten, bietet die Kundin ihm einen Tee an: englische Gastfreundschaft, wie sie im Buche steht.

Reparatur und Wartung in einem

Zügig widmet sich der Fachmann seinem Auftrag: Die Waschmaschine der Kundin funktioniert nicht mehr. Bei der letzten Wäsche habe sie nicht geschleudert und jetzt stehe sie still, erklärt die Kundin. Wayne Smith schraubt die obere Abdeckung der Maschine auf. Seine Vermutung anhand der vorab mitgeteilten Problembeschreibung wird bestätigt: Der Einspülkasten ist nicht ganz dicht. Ein Leck? Die Kundin ist überrascht, dass ihre Waschküche nicht unter Wasser steht. Doch, es sei ein kleines Leck, erklärt der Servicetechniker. „Aber Miele Waschmaschinen sind so gebaut, dass sie auch bei kleinen Undichtheiten sofort stoppen, damit eben kein Wasserschaden entsteht." Er holt das Ersatzteil – das über Nacht aus dem Lager in Abingdon geliefert und im Fahrzeug bereitgelegt wurde – aus dem Bulli. Mit wenigen Handgriffen ist das defekte Teil ausgewechselt. Vorher putzt Wayne Smith das Innere der Maschine. „Wenn sie schon mal offen ist, lohnt es sich, einmal drüberzuwischen. Denn Ablagerungen und Schmutz können undichte Stellen verursachen." Reparatur und Wartung gehen Hand in Hand.

Wayne Smith spricht aus langjähriger Erfahrung. Seit rund 20 Jahren ist er Servicetechniker, acht davon bei Miele. Der 40-jährige Engländer ist ein Allrounder: Von Wasch- über Spül- und Kaffeemaschinen bis hin zu Trocknern, Backöfen, Mikrowellen und Kühlschränken kennt er sich mit allen Miele Hausgeräten bestens aus. Das aktuelle Exemplar befindet sich gerade im Schleudergang – der Gerätetest gehört zu jedem Service.

Konzentrationsfähigkeit ist gefragt

Gleiche Uhrzeit, anderer Tag: Auch im deutschen Nordrhein-Westfalen befindet sich an einem verschneiten Wintermorgen ein Miele Gerät im Testlauf. Allerdings ein anderes in einem völlig anderen Setting. Es ist ein kompaktes Reinigungs- und Desinfektionsgerät, mit dem beispielsweise medizinische Instrumente desinfiziert oder Laborutensilien gereinigt werden können. Hier soll es OP-Schuhe thermisch desinfizieren. Das Gerät steht in einem HNO-Operationstrakt einer Klinik, der einige Jahre stillgelegt war und jetzt wieder in Betrieb genommen wird. Im Einsatz ist Servicetechnikerin Andrea Tripp. Angesichts des Geräts sagt sie: „Wiederinbetriebnahmen sind immer Wundertüten." Mit mehreren Werkzeugkoffern und Ersatzteilen, die auf einem Rollwagen bereitliegen, geht sie an ihrem außergewöhnlichen Arbeitsort ans Werk. Besonders ist die Ruhe des leeren OP-Trakts: „Normalerweise ist dort, wo unsere Geräte stehen, viel Betrieb, ich bin immer mitten im Geschehen." Sich in jeder Situation konzentrieren zu können, sei in diesem Job wichtig.

Andrea Tripp arbeitet seit sieben Jahren für Miele und ist auf LMD – Labor, Medizin, Dental – spezialisiert. Zu ihren Kunden gehören Unternehmen, von der Zahnarztpraxis bis zur Klinik, von der Teppichfärberei bis zum Pharmabetrieb. In diesem Bereich bietet Miele hauptsächlich Spül-, Desinfektions- und Waschmaschinen an. Dass diese zuverlässig funktionieren, ist gerade in der Medizin lebenswichtig.

Das Desinfektionsgerät ist ein älteres Modell und gehört zu ihren Lieblingsgeräten, „weil ich mit diesen Modellen groß geworden bin", sagt die 27-Jährige schmunzelnd. Miele hatte die Maschine in der Klinik 2009 eingebaut und zuletzt 2019 gewartet und ordnungsgemäß außer Betrieb genommen. „Nun muss ich prüfen, ob sie noch läuft, wie sie soll", so Andrea Tripp. Dazu schließt sie ein Messgerät an und koppelt es mit ihrem Notebook. Beides ist nötig, um die Einstellungen und die Funktionstüchtigkeit der Maschine zu überprüfen und zu dokumentieren. Zuerst werden die hinterlegten Steuerdaten gespeichert: Das Spülprogramm der Maschine, die Konzentration der Reinigungsmittel – schließlich soll die Maschine genau dasselbe machen wie vorher.

Größte Gefahr: Keime

Andrea Tripp startet den Test, und anfangs sieht es gut aus. Doch dann: „Die Maschine möchte gerade nicht, wie ich möchte", stellt sie fest. Sie muss also erstmal das Problem ausfindig machen. Während der Fehlersuche öffnet sie das Gerät mehrmals. Darin steht

Miele
Load %
Detergent %
Low temp.
Buzzer
Pre-wash
Soak
Short
Water plus
OK
Start/Stop
Warm air
Cool air
Drain/Spin
Rinse out fluff

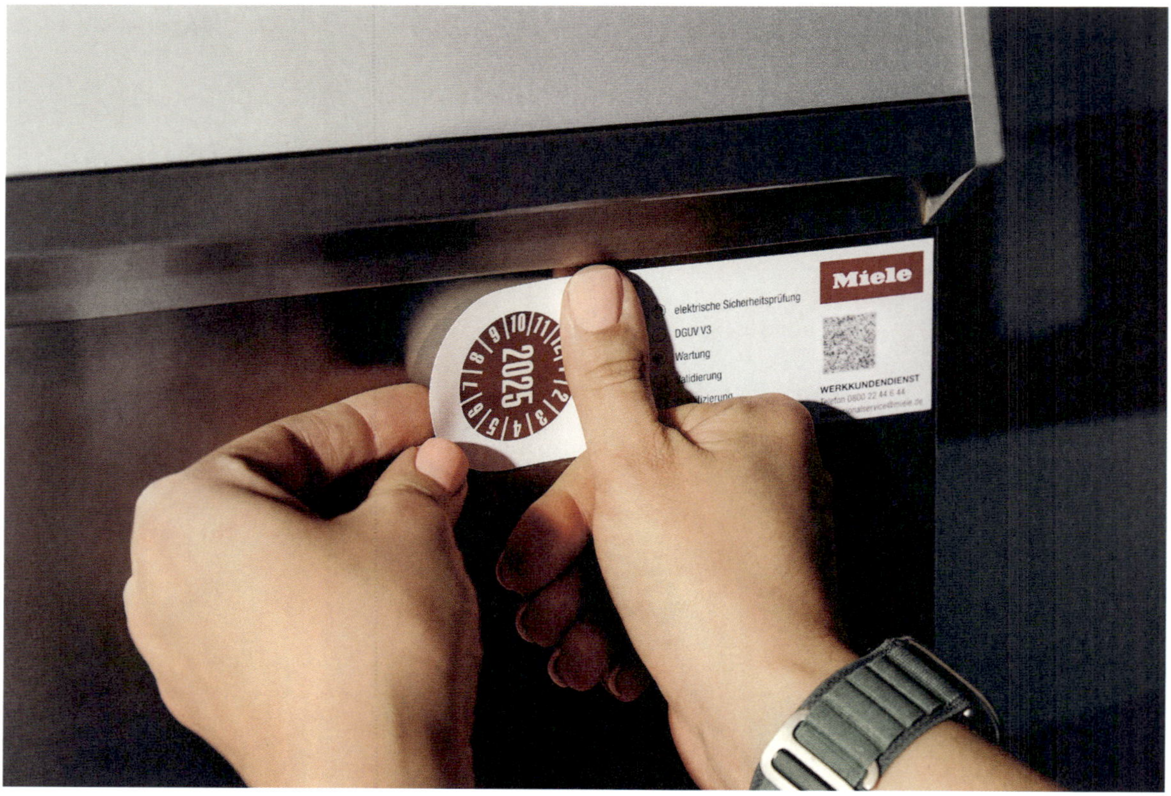
Miele
elektrische Sicherheitsprüfung
DGUV V3
Wartung
2025
WERKKUNDENDIENST

Der Gerätetest und das Prüfen von Details gehören zu jedem Service.

↓ Dank regelmäßiger Wartung – an die nächste erinnert das Siegel – können Miele Geräte 30 Jahre oder sogar älter werden.

das Wasser. „Niemals ohne Handschuhe in die Maschine greifen", erwähnt die Servicetechnikerin einen der wichtigsten Sicherheitsgrundsätze ihrer Arbeit, der in Schulungen konsequent vermittelt wird. Denn ein Desinfektor, der nicht wie gewünscht funktioniert, ist alles außer eines: steril. „Manchmal sieht man die Kontamination in Form von Dreck oder Blut. Gefährlich ist aber vor allem das, was man nicht sieht: Keime."

Operationssäle oder auch Reinräume in der Pharmazie sind im Normalfall steril. Das bedeutet für die Servicetechnikerin, dass sie bei Wartungs- und Reparaturaufträgen durch eine Schleuse geht. Sie muss vorher Schutzkleidung wie Haube, Brille und Überschuhe anziehen, manchmal nachher fünf Minuten duschen. Alles gemäß den Richtlinien des jeweiligen Kunden. Im stillgelegten OP-Trakt sind solche Vorkehrungen nicht nötig. Die Gummihandschuhe im Umgang mit dem Gerät sind aber immer ein Muss. Und lieber wechselt man sie einmal zu viel.

Paralleles Operieren

Zwischendurch erhält Andrea Tripp den Anruf eines Kollegen. Er bittet um ihre Einschätzung bei einem Gerätedefekt. „Der telefonische Austausch im Team ist für mich sehr bereichernd", erzählt sie, gerade auch, weil man sich selten persönlich treffe und sonst grundsätzlich allein arbeite. Tripp hat vor zwei Jahren die Meisterprüfung absolviert. Mit ihrem so erweiterten Wissensschatz steht sie gerne beratend zur Seite.

Auf der Fehlersuche leuchtet die Servicetechnikerin mit der Taschenlampe unter das Gerät. Sind alle Bauteile dicht? Stimmt alles mit der Elektronik? Andrea Tripp ist gelernte Mechatronikerin. Für Servicetechnikerinnen und Servicetechniker ist die Ausbildung als Elektrofachkraft Voraussetzung. Zwar werde im Service die Feinelektronik des Geräts nicht angefasst, trotzdem müsse für eine Fehlerbehebung erkannt werden, ob etwas an der Elektronik nicht stimmt.

Dann werden die Schläuche für das Spülmittel ersetzt – mit Handschuhen und Brille zum Schutz gegen Säure und Lauge. Andrea Tripp klemmt sie mit einer Arterienklemme ab. Das Bild passt gut in den OP. Und tatsächlich erlebt es die Servicetechnikerin immer wieder, dass parallel zu ihrer Operation am Gerät im Raum nebenan eine Operation an einem Menschen durchgeführt wird. Nach rund drei Stunden läuft die Spülmaschine wieder einwandfrei. Die Servicetechnikerin informiert den zuständigen Medizintechniker darüber und berät ihn bezüglich des passenden Zubehörs, denn auch die Produktberatung gehört zum Service.

Einfach zuhören

Während Andrea Tripp in der Regel wenig mit Kundinnen und Kunden selbst beschäftigt ist – außer, dass manche ihr neugierig über die Schulter blicken –, ist Wayne Smith bei seinen Einsätzen in Privathaushalten in sehr direktem Austausch mit ihnen. Und dies nicht nur über die zu reparierenden Hausgeräte. „Viele Menschen erzählen mir ihr Leben", berichtet er während der Fahrt zur nächsten Kundin. Und wie geht er mit den teils erschütternden Geschichten um? „Ich höre einfach zu", sagt Wayne Smith. Er habe über die Jahre gelernt, Menschen einzuschätzen. Empathisch sein, diskret die professionelle Distanz wahren, auch angesichts so mancher kurioser Situation, auch das

Weltweit im Einsatz – und das schon seit Jahrzehnten. Im Bild ein Servicetechniker 1983 in Oslo, Norwegen, im Hintergrund die Holmenkollen Skisprungschanze.

Den mobilen Werkkundendienst bietet Miele wohl seit 1958 an. Für Serviceaufträge fahren die Technikerinnen und Techniker auch in entlegene Gebiete, hier vermutlich in den 1970er-Jahren.

Seit 2022 gelangt der Kundenservice an seine Einsatzorte auch mit dem ID. Buzz des langjährigen Partners Volkswagen. Die E-Variante des Kulttransporters VW-Bulli hilft Miele, die CO2-Emissionen der Fahrzeugflotte zu senken und so seine Nachhaltigkeitsziele zu erreichen.

gehört zu seinem Job. „Mich überrascht nichts mehr", sagt er dazu schmunzelnd.

Mittlerweile ist er bei der nächsten Kundin in einer Neubausiedlung in Lichfield angekommen. Die elegant gekleidete Geschäftsfrau ist offensichtlich gerade im Homeoffice beschäftigt. Auch sie bietet Tee an und zeigt dem Servicetechniker die Speisekammer, wo der Waschtrockner steht. Die Maschine hat nicht mehr geschleudert, offenbar als die Kundin eine Badematte gewaschen hatte. Allerdings, stellt Wayne Smith schnell fest, ist das Gerät an sich nicht defekt. Wahrscheinlich war es mit der Badematte und der restlichen Wäsche zu schwer beladen. Ein Blick in die Maschine zeigt jedoch, dass ein Rohr verstopft ist. Nach 17 Jahren in Betrieb und mit einem Hund im Haushalt ist das nicht überraschend. Er reinigt das Rohr und erklärt, was das Problem beim Schleudergang war. Nachdem die Maschine wieder zusammengebaut ist, säubert er den Arbeitsplatz. Die Kundin ist zufrieden mit dem Service. Man spürt: Die Qualität, die die Produkte haben, wird auch vom Service erwartet.

In 50 Ländern

Andrea Tripp und Wayne Smith sind zwei von weltweit rund 2.700 Servicetechnikerinnen und -technikern, die in etwa 50 Ländern für Miele tätig sind. Der Großteil von ihnen ist im Bereich Haushalt beschäftigt. In jedem Land, in dem das Unternehmen Geräte verkauft, gibt es auch einen Kundenservice – denn es gilt das Motto „no service, no sales". Alle Servicetechnikerinnen und -techniker sind mit dem schon fast ikonischen roten Bus ausgestattet. Er ist Transportmittel und Lager in einem, gefüllt mit Werkzeug, Messgeräten und Ersatzteilen für die verschiedensten Geräte. „Unsere Kundinnen und Kunden haben zu Recht sehr hohe Erwartungen an die Zuverlässigkeit und Langlebigkeit ihrer Geräte", sagt Axel Kruse, Senior Vice President Customer Service der Miele Gruppe. „Umso wichtiger ist – gerade im seltenen Fall eines Defekts –, auch eine überzeugende Serviceleistung zu bringen." Alle im Service sind daher wichtige Markenbotschafter von Miele, denn sie sind ebenfalls Ausdruck des Qualitätsversprechens und tragen – als direkter Kontakt zur Kundschaft – maßgeblich zur Kundenzufriedenheit bei. Dank Reparatur und Wartung können Miele Geräte bis zu 30 Jahre alt oder älter werden. Gegründet wurde der mobile Werkkundendienst wohl 1958, denn die Einführung des Waschvollautomaten erforderte spezifische Fachkenntnisse für die Reparatur. Anfang der 1980er-Jahre wurde die Spezialisierung des Servicepersonals forciert, wodurch Aufträge wesentlich schneller ausgeführt werden konnten.

Das Beste sind zufriedene Kunden

Andrea Tripp und Wayne Smith schätzen die Herausforderungen, die eine defekte Maschine an sie stellt, und die Genugtuung der erfolgreichen Reparatur. Sie mögen es, selbstständig zu arbeiten. Das Beste aber seien zufriedene Kundinnen und Kunden, betonen beide. Wayne Smith erzählt zum Schluss von einem besonders schönen Erlebnis: „Bei einer älteren Frau ist kurz vor Weihnachten der Backofen kaputtgegangen. Sie war verzweifelt." Glücklicherweise seien die Ersatzteile rechtzeitig angekommen, sodass er das Gerät noch am Morgen des 24. Dezembers reparieren konnte. „Die Frau war überglücklich, dass sie an Heiligabend ein Essen auftischen konnte. Ihre Dankbarkeit war für mich ein Weihnachtsgeschenk."

Miele
Miele

Ein Streifzug durch unsere Geschichte.
Zugleich ein Auftrag für unsere Zukunft.

125 ereignisreiche Jahre, die bewegen, mahnen und stolz machen. Und die uns weiter die Richtung weisen:

Miele. Immer Besser.

Quellen und Literatur

Archive und Sammlungen

- Gemeindearchiv Herzebrock-Clarholz
- Heimatverein Herzebrock e. V.
- Historische Sammlung Miele, Gütersloh
- Stadtarchiv Bielefeld
- Stadtarchiv Gütersloh
- Westfälisches Wirtschaftsarchiv

Verwendete Unternehmenspublikationen

Miele & Cie. GmbH Co. KG (Hrsg.): Miele 1899-1974. Jubiläumsschrift für die Mitarbeiter unseres Hauses, Gütersloh 1974.

Miele & Cie. GmbH Co. KG (Hrsg.): 100 Jahre Miele. Im Spiegel der Zeit, Gütersloh 1999.

Miele & Cie. GmbH Co. KG (Hrsg.): 110 Jahre Miele – alle Seiten der Qualität, Gütersloh 2009.

Mielewerke Aktiengesellschaft (Hrsg.): 25 Jahre Miele 1899-1924, Gütersloh 1924.

Mielewerke Aktiengesellschaft (Hrsg.): Miele 1899-1939, Gütersloh 1939.

Mielewerke Aktiengesellschaft (Hrsg.): Miele 50 Jahre, Gütersloh 1949.

Monografien, Sammelbände und Aufsätze

Andritzky, Michael: Oikos. Von der Feuerstelle zur Mikrowelle. Haushalt und Wohnen im Wandel, Gießen 1992.

Berte, Adolf: Neuanfang bei Miele unter den harten Bedingungen der Nachkriegszeit, in: Kreis Gütersloh (Hrsg.): Heimatbuch Kreis Gütersloh (2000), S. 91–96.

Berte, Adolf: Erinnerungen an den Aufbau der Miele Produktion im Zweigwerk Lehrte, in: Kreis Gütersloh (Hrsg.): Heimatbuch Kreis Gütersloh (2007), S. 80–87.

Bertrich, Fred; Barleben, Ilse: Kulturgeschichte des Waschens, Düsseldorf 1966.

Bohmert, Friedrich: Hauptsache sauber? Vom Waschen und Reinigen im Wandel der Zeit, Würzburg 1988.

Delille, Angela; Grohn, Andrea: Geschichten der Reinlichkeit. Vom römischen Bad zum Waschsalon, Frankfurt a. M. 1986.

Gerber, Sophie: Küche, Kühlschrank, Kilowatt. Zur Geschichte des privaten Energiekonsums in Deutschland, 1945-1990, Bielefeld 2014.

Gestrich, Andreas: Geschichte der Familie im 19. und 20. Jahrhundert, in: Gall, Lothar; u.a. (Hrsg.): Enzyklopädie deutscher Geschichte, Band 75, München 2010.

Haase, Ricarda: Das bißchen Haushalt. Zur Geschichte der Technisierung und Rationalisierung der Hausarbeit, Stuttgart 1992.

Hausen, Karin: Große Wäsche. Technischer Fortschritt und sozialer Wandel in Deutschland vom 18. bis ins 20. Jahrhundert, in: Geschichte und Gesellschaft 13/1987, S. 273–303.

Kohlhase, Jörg (Hrsg.): Blütenfrisch und fasertief rein. Vom Waschbrett zur Hightech-Waschmaschine, Nordhorn 2001.

Krull, Regine: Die Bielefelder Fahrrad- und Nähmaschinenfabrik während der Weltwirtschaftskrise, in: Jahresbericht Historischer Verein für die Grafschaft Ravensberg e. V. (1984/1985), S. 189–216.

Luecke, Arnd: Das neue Miele-Museum bietet eine bunte Revue der Raritäten, in: Kreis Gütersloh (Hrsg.): Heimatbuch Kreis Gütersloh (1988), S. 106–107.

Miele-Senioren-Kreis (Hrsg.): Arbeiten und Leben bei Miele. Erinnerungen und Anekdoten, Gütersloh 2014.

Orland, Barbara: Wäsche waschen: Technik- und Sozialgeschichte der häuslichen Wäschepflege, Reinbek bei Hamburg 1991.

Renk, Heinz; Ruhe, Ernst: Männer der Wirtschaft. Unternehmen der Gründerzeit, Wiedenbrück 1966.

Rinke, Bettina; Kleinmanns, Joachim; Däuper, Anne: Küchenträume. Deutsche Küchen seit 1900, in: Lippisches Landesmuseum Detmold (Hrsg.): Katalog zur Ausstellung des Lippischen Landesmuseums Detmold, 25. September 2004 bis 27. Februar 2005, Band 12, Detmold 2004.

Schmitter, Burkhard: Auf Siegeszug mit Weltkugel und Pfeil: Das Miele-Fahrrad, in: Kreis Gütersloh in Zusammenarbeit mit dem Kreisheimatverein Gütersloh (Hrsg.): Heimatbuch Kreis Gütersloh (1998), S. 79–84.

Schneider-Braunberger, Andrea H.: Miele im Nationalsozialismus. Ein Familienunternehmen in der Rüstungs- und Kriegswirtschaft, München 2023.

Schneider, Ursula; David, Hilde: „Das Paradies kommt wieder ...“: zur Kulturgeschichte und Ökologie von Herd, Kühlschrank und Waschmaschine, in: Museum der Arbeit (Hrsg.): Katalogbuch zur gleichnamigen Ausstellung im Museum der Arbeit (26. Mai bis 3. Oktober 1993), Hamburg 1993.

Silberzahn-Jandt, Gudrun: Wasch-Maschine. Zum Wandel der Frauenarbeit im Haushalt, Marburg 1991.

Sparke, Penny: Electrical Appliances: Twentieth-Century Design, New York 1987.

Steinhart, Marion: Carl Miele, München 2000.

Werkfeuerwehr Miele (Hrsg.): Chronik 75 Jahre Werkfeuerwehr Miele Gütersloh, Gütersloh 2013.

Terrahe, Jürgen: Carl Miele – zu seiner persönlichen, familiären und heimatlichen Geschichte bis 1899, Gütersloh 1998.

Wagner, Eva: Technik für Frauen: Arbeitszusammenhang, Alltagserfahrungen und Perspektiven der Hausfrauen im Umgang mit technischen Artefakten, München 1991.

Weber, Heike: „Kluge Frauen lassen für sich arbeiten!“ Werbung für Waschmaschinen von 1950-1995, in: Technikgeschichte 65/1998, S. 27–56.

Westfalia Separator AG (Hrsg.): Innovation aus Tradition. 100 Jahre Westfalia Separator AG, Oelde 1993.

Wiedenhausen, Andreas: 100 Jahre Miele & Cie. nach der bewährten Philosophie: „Immer besser“, in: Kreis Gütersloh (Hrsg.): Heimatbuch Kreis Gütersloh (1999), S. 56–62.

Wöstheinrich, Michael: Die Nöllmannsche Mühle in Herzebrock und die Firma Miele, in: Heimatjahrbuch Kreis Gütersloh (2020), S. 90–99.

Anmerkungen Gastbeitrag „Revolution im Haushalt“

1 Unser besonderer Dank gilt Jiangting Wang für ihre hervorragende Unterstützung bei der Recherche. Abschnitte in diesem Beitrag stammen aus: Greenwood, Jeremy: Evolving Households: The Imprint of Technology on Life, Cambridge (MA) 2019; Greenwood, Jeremy; Guner, Nezih; Marto, Ricardo: The Great Transition: Kuznets Facts for Family-Economists, in: Lundberg, Shelly; Voena, Alessandra (Hrsg.): Handbook of the Economics of the Family, Amsterdam 2023, S. 389–441.

2 Greenwood, Evolving Households, S. 45.

3 Biografie von Christine Frederick enthalten in: Rutherford, Janice Williams: Selling Mrs. Consumer: Christine Frederick and the Rise of Household Efficiency, Athens (GA) 2003.

4 Bei der Kochkiste handelte sich es um einen isolierten Metallkasten, in den ein Topf mit der zuvor auf einem Holz- oder Kohleherd angegarten Speise gestellt wurde. Die vorgeheizten Specksteinscheiben auf dem Boden der Kiste sorgten dafür, dass die Speise ohne weitere Energiezufuhr fertiggarte. Frederick, Christine: Selling Mrs. Consumer, New York 1929, S. 167. Zitat im Original: „In our country home on Long Island, it required almost an hour for me to daily clean and fill seven portable oil lamps. I operated a hand pump to secure water from the cistern, placed my soup in a box fireless cooker, washed the children's rompers in an unwieldy 'dolly' type washer by plunging its lever up and down, and smoothed these garments with a coal-heated 'sad-iron.' I used a broom and an oil mop on the floors.“

5 Meyer promovierte 1913 in Volkswirtschaftslehre an der Universität Berlin.

6 Greenwood; Guner; Marto: The Great Transition, S. 389–441, hier: S. 393.

7 Cubas, German: Distortions, Infrastructure, and Female Labor Supply in Developing Countries, in: European Economic Review, 87/2016, S. 194–215, hier: S. 200.

8 Greenwood, Jeremy; Seshadri, Ananth; Yorukoglu, Mehmet: Engines of Liberation, in: Review of Economic Studies 72 (1)/2005, S. 109–133, hier: S. 111.

9 Gaffney, Ruth: The Complete Farm Laundry, in: Electrical Merchandising, 1. März 1947, S. 38–39.

10 Margis, Hildegard; Raetsch, Mechthilde: Köstliche Küche: Anleitungen zum elektrischen Kochen, Berlin 1933, S. 13; S. 18. Hildegard Margis war eine überzeugte Befürworterin von Haushaltstechnik und der Rationalisierung des Haushalts. Sie schrieb nicht nur Artikel und Bücher zu hauswirtschaftlichen Themen, sondern gründete auch den Hauswirtschaftlichen Einkaufs-, Beratungs- und Auskunftsdienst (Heibaudi). Zusammen mit der Deutschen Verlags-Anstalt gründete Margis 1928 den Verlag für Hauswirtschaft. 1930 schloss sie sich dem Ullstein Verlag an, wo sie Texte zu Frauenfragen herausgab. Auch im Radio war Margis präsent und berichtete über Maßnahmen zur Rationalisierung des Haushalts. Sie starb 1944 im Alter von 57 Jahren an den Folgen der Folter durch die Gestapo. Hildegard Margis war Jüdin. Ausführliche Informationen zu ihrem Leben und Wirken finden sich in: Braun von, Christina: Stille Post: Eine andere Familiengeschichte, Berlin 2007.

11 Der amerikanische Ingenieur, Berater und Autor Frank Bunker Gilbreth (1886–1924) war ein früher Verfechter des sogenannten Scientific Managements, also der wissenschaftlichen Betriebsführung. Gilbreth entwickelte arbeitssparende Werkzeuge für Maurer (wie zum Beispiel ein verstellbares Arbeitsgerüst), damit diese sich beim Greifen nach Ziegelsteinen nicht mehr bücken mussten. Dadurch ermöglichte er eine massive Effizienzsteigerung. Mit diesem Thema beschäftigte sich sein Buch „Bricklaying Systems“ (Systeme für das Maurerhandwerk), das 1909 veröffentlicht wurde.

12 Frederick, Christine: Household Engineering. Scientific Management in the Home, Chicago 1919.

13 Der Titel des 1929 erschienenen Buchs von Christine Frederick.

14 Frederick, Selling Mrs. Consumer, S. 89. Zitat im Original: „consumer market research is the bridge that covers the great gap by which most business firms are separated from the consumers“.

15 Frederick, Selling Mrs. Consumer, S. 99. Zitat im Original: „knowledge of the consumer is gained by analytical study, research, test, consultation and experimental contact“.

16 Es ist nicht ganz klar, was Frederick mit den Begriffen „advancement" und „surplus" genau meinte. Man darf begründet vermuten, dass sich „advancement" auf persönliche Entwicklung wie beispielsweise Bildung, Körperpflege, Freizeit und Reisen bezog, während „surplus" für Ersparnisse stand.

17 Electricity supply board: Leisure Electricity, Dublin undatiert (ca. 1930er-Jahre), URL: https://commons.wikimedia.org/wiki/File:ESB_Showroom_25_St._Stephen%E2%80%99s_Green_and_advertisement,_1930s.png (Stand 23.05.24). Zitat im Original: „The Mistress of the Home free from unnecessary toil, free from health-destroying fatigue, free to rest and read".

18 Frederick, Selling Mrs. Consumer, S. 170. Zitat im Original: „the seller must always keep in mind when offering household equipment: does this tool, device, or appliance give Mrs. Consumer more leisure?"

19 Greenwood, Evolving Households: The Imprint of Technology on Life, S. 55. Die Studie wurde von namhaften amerikanischen Soziologen, dem Ehepaar Robert und Helen Lynd, durchgeführt.

20 Anteil der erwerbstätigen weiblichen Bevölkerung ab 15 Jahren auf Basis von OECD-Zahlen, entnommen aus: International Labour Organization (via World Bank): Our World in Data, Labor force participation rate for ages 15-24, female, URL: https://ourworldindata.org/grapher/labor-force-participation-rates-for-women-ages-15-24-2020-vs-1980 (Stand 23.05.24); Long, Clarence D.: The Labor Force under Changing Income and Employment, Princeton 1958.

21 Verhältnis der Zahl der Eheschließungen im Laufe des Jahres zur durchschnittlichen Bevölkerung in diesem Jahr, angegeben pro 1.000 Einwohner, entnommen aus: OWID basiert auf UN, OECD, Eurostat und anderen Quellen (verarbeitet von Our World in Data): Rude marriage rate (per 1,000 inhabitants), URL: https://ourworldindata.org/grapher/marriage-rate-per-1000-inhabitants (Stand 23.05.24).

Bildnachweise

Alle Bilder © Miele & Cie. KG, außer © Deutsche Fotothek/Martin Langer: S. 18 oben, 152-153; Fotosammlung Stadtarchiv Gütersloh: S. 57 (BB: 13187), 77 oben (BB: 34445), 78 (BB: 13199); privat: S. 86, 88 unten; Erna Meyer, Der neue Haushalt (c) 1926, Franckh'sche Verlagshandlung. Stuttgart: S. 120, 124; Schlesinger Library, Harvard Radcliffe Institute: S. 123; Infografik erstellt nach Informationen von Effrosyni Adamopoulou/Jeremy Greenwood/Nezih Guner: S. 126; Eric Wolfinger: S. 180; Alex Moling: S. 181; Luca Dalge: S. 183; Huth und Wenzel: S. 192–193; Koichi Takada Architects/Binyan Studio: S. 222, 225; Regal London: S. 224; Courtesy of Ward Village: S. 226.

Für „Creators of Quality. Seit 1899" neu fotografiert von Fabian Birke: S. 17, 18 unten, 21–23, 25, 26, 28–39, 48, 62, 67, 79 links, 84, 87, 88 oben, 89, 90, 92–94, 96–101, 103, 105, 107, 108, 110–113, 133 unten, 142, 145 unten, 150, 156, 186–187, 206, 216, 218, 220, 228–232, 237.

Impressum

Herausgeber
Miele & Cie. KG
Carl-Miele-Straße 29
33332 Gütersloh
Telefon: +49 5241 89-0
info@miele.de
www.miele.de

Konzept und Realisierung
Birke und Partner GmbH,
Kommunikationsagentur, Erlangen

Redaktion
Miele & Cie. KG
Carsten Prudent (V. i. S. d. P.)
Julia Cink, Christina Tenambergen

Birke und Partner GmbH
Sarah Christoph, Bettina Fettich-Biernath, Julia Misamer, Andreas Plöger, Katharina Raab, Beatrice Vogel

Gastbeiträge
Andrea H. Schneider-Braunberger
Effrosyni Adamopoulou/Jeremy Greenwood/Nezih Guner

Lektorat
Michael Bantele (Birke und Partner GmbH), Susanne Hofmann (Lektorat Wortfindung)

Gestaltung/Layout
Fabian Birke (Creative Director), Sophia Jung (Art Director), Paula Lotter

Druck
Hans Gieselmann Druck und Medienhaus GmbH & Co. KG
Ackerstraße 54
33649 Bielefeld

Auflage
1. Auflage

Bildnachweise und Copyright Bilder
siehe S. 242

Wir danken Marion Gehling und Thomas Huth, Susanne Ostenfelder und Olaf von Rauchhaupt sowie dem Team Communications und allen weiteren, auch ehemaligen Kolleginnen und Kollegen von Miele, die zu diesem Buch auf unterschiedliche Weise wertvolle Beiträge geleistet haben. Außerdem danken wir den Archivarinnen und Archivaren, die uns unterstützt haben.

ISBN 978-3-00-078853-6

FSC www.fsc.org MIX Papier | Fördert gute Waldnutzung FSC® C014734

Dieses Buch wurde gedruckt auf Pergraphica® Classic Rough. Das Papier ist sowohl FSC® als auch Cradle to Cradle® Bronze zertifiziert.